二戰背後的陰謀

德蘇條約的幕後故事、珍珠港事件始末、德軍迷途飛機的命運、希特勒的未解之謎，12個隱藏在戰爭中的歷史真相

劉幹才，李奎 ——編著

斬首行動、慕尼黑協定、互不侵犯條約、
敦克爾克大撤退、戰鬥機誤入中立國、圍困德國柏林……

寫實還原的戰爭史詩，令人震撼的歷史畫卷

目 錄

希特勒使用反間計

《慕尼黑協定》的出籠

德蘇條約的幕後故事

製造進攻波蘭的口實

目錄 ─────────────

目錄 ————————————————

希特勒使用反間計

　　1936 年年底，希特勒為了削弱蘇聯，特意命令黨衛隊頭子海德里希導演了一齣「斬首行動」。不到半年時間，蘇聯逮捕了包括紅軍元帥圖哈切夫斯基為首的多名軍事將領，三萬多名紅軍各級優秀指揮員被清洗。史達林的「大清洗」運動，不僅使他失去了一批優秀和忠誠的紅軍指揮員，還為此後希特勒進攻蘇聯提供了有利條件。

▌海德里希策劃「斬首行動」

　　1941 年 6 月 22 日凌晨，希特勒撕毀了簽署不到兩年的《德蘇互不侵犯條約》，納粹德國的軍隊分三路大軍以閃電戰突破蘇軍的防禦，中路直逼莫斯科，北路直指列寧格勒，南路長驅直入烏克蘭首府基輔。蘇軍一線一百六十四個師的部隊損失過半，被俘五十萬人，史達林震驚了。他一改往日剛愎自用的孤傲性格，在開戰後第一次蘇軍最高統帥部會議上，憤怒而又沉痛地說道：「我們上當了，該死的德國人！」

　　而此時，在德國的一個高級將領會議上，希特勒欣喜若狂，對於這個紅色蘇聯，這個令他恨之入骨的共產黨政權，他已經要了史達林好幾次了。

　　此時，針對蘇聯紅軍的潰退和不堪一擊，再想想神祕的「斬首行動」，怎麼能不讓他高興呢！希特勒沒有想到的是，當年的「斬首行動」會收穫如此之大，這真是出乎他的預料。面對眼前的高級將領，他得意地譏諷道：「他們早已沒有好的統帥了！」在他的眼中，蘇聯似乎是唾手可得了。

　　1936 年聖誕節前夕，陰霾籠罩著德國首都柏林。納粹黨衛隊保安處長、蓋世太保首領海德里希奉命來到希特勒的私人別墅。別墅中的會客廳寬大而裝飾華麗，地面鋪著厚厚的地毯，賓客們的皮背靠椅沿房間的兩邊排開。主人的座位前面是一張用桃心木製成的寬大寫字檯，這是希特勒為自己專

門設計和布置的。

此刻，希特勒正雙臂交叉在胸前，手托尖下巴，彷彿這間屋子根本沒有別人。在他的身後，海德里希努力挺直著有些前傾的腰桿，端坐在距希特勒三公尺遠的賓客座位上。

在長達兩個半小時的密談中，海德里希詳細地向希特勒介紹了蘇聯國防委員會第一副人民委員、蘇聯革命軍事委員會副主席圖哈切夫斯基元帥的情況，以及他按照希特勒的授意精心策劃的陰謀。

「元首，我們完全可以利用這個機會，搞垮布爾什維克政權！這項工作早在一年前我們就已經著手進行了。」海德里希向希特勒建議。

「海德里希先生，你必須考慮清楚，是選莫斯科作為舞臺，把圖哈切夫斯基推出去作為犧牲品，還是在德國上演這齣有趣的喜劇。」

希特勒對德國的前途和對統治歐洲乃至整個世界一系列重大問題的談論，幾乎是瘋狂的、漫無邊際的，但在談到自己的近期目標時，常常吐露真言。

他毫不遲疑地宣稱：「對蘇聯軍隊的『斬首行動』必須立即付諸實施，一旦這個目的達到，我們就立即發起進攻，叫赤色蘇聯從地球上永遠消失！」

但是，是把圖哈切夫斯基出賣給史達林，還是利用他推翻史達林的統治，希特勒一直拿不定主意。海德里希始終堅

希特勒使用反間計

持後者，他認為後者一旦實現，則既是一個副產品，又是一個非常好的收穫。

因此他力陳利弊：「元首，我很清楚並完全理解您的思想，只有推翻史達林，才是最根本的解決問題的辦法，這是『斬首行動』的最後結果。」

可是，希特勒不想冒這個險：「推翻史達林，我看不會那麼簡單。」他若有所思地說，「困難是有的，不過，至少可以給他製造點麻煩。搞垮他，效果也是同樣的。」

希特勒已經意識到，史達林正在醞釀一場清洗，從基洛夫被害開始的大規模鎮壓浪潮，必然會波及蘇聯軍隊。事實上，不久前蘇聯駐英國的武官普特納突然奉召回國，旋即被捕，已經給希特勒發出了一個信號。

普特納作為武官，曾在柏林、倫敦和東京與外國軍界人士有過廣泛的接觸，此人正是圖哈切夫斯基屬下的軍事外交專家。

「你會幹這種事嗎？海德里希先生。在蘇聯的內訌中，德國應該站在史達林一邊！」希特勒說完，詭祕地笑了起來。

其實，希特勒之所以堅持把蘇聯軍界作為這齣戲的主角，還出於對圖哈切夫斯基的某種恐慌心理。1935 年，首批被授予蘇聯紅軍元帥之一的圖哈切夫斯基，以第一次世界大戰和國內戰爭的經驗為基礎，預見未來戰爭的性質和特點，提出了許多先進的現代作戰觀點和極其重要的理論。

更令希特勒惱怒的是圖哈切夫斯基發表的一篇重要文章《當前德國的軍事計劃》，一針見血道地出了希特勒入侵的威脅，指出希特勒的野心不僅在於有反蘇的鋒芒，而且有旨在鯨吞整個西方的復仇計劃。

不難想像，如果圖哈切夫斯基的策略思想被蘇聯軍方接受，將對希特勒帶來多麼可怕的後果。為此，希特勒憂心忡忡。

「元首，『斬首行動』重在其首，而不在其身。難道就這樣放過史達林？」海德里希鼓足勇氣發問，他還想繼續為自己的詭計辯解。

「我相信你會幹這種事的！我確信無疑！」希特勒按住海德里希的肩膀，用一種奇特的因興奮而變得有些含糊的語調，開始談論起他的個人打算，談論起他怎樣才能稱霸歐洲，怎樣統治世界。「這些，你不懂，是嗎？」說話間，他仍舊激動不已，兩隻眼睛燃燒著貪婪、狂妄的熾烈火焰。

海德里希默默聽著，一句話也不敢說。他已經十分確切地感覺到了，希特勒隨著地位的上升，占有欲也在急遽膨脹，變得冷漠固執而不可接近。

但是，海德里希無可奈何，對希特勒必須言聽計從，這是最明智的選擇。「元首，我以您最忠誠的黨衛軍軍官的名譽向您保證，一切將按照您的意志進行！」

「好吧，我的將軍，上帝與你同在！」

希特勒使用反間計

　　海德里希「啪」地一個立正，行了個標準的舉臂禮，轉身出了別墅。

　　海德里希不僅是嗜血成性的劊子手，更是一個製造陰謀的專家。這些天裡，他絞盡腦汁，繼續按照希特勒的旨意，精心編造著令人震驚的詭計。

　　為盡快實施這項陰謀，海德里希召見了黨衛隊二級突擊隊大隊長約克斯。在約克斯面前，海德里希沿著橢圓形的長長的會議桌邊走邊說道：「約克斯，你現在的任務，是到新陣地上去尋找敵人。我們的目標是赤色共黨的軍事首腦，元首管它叫『斬首行動』。」

　　說到這，他的目光陰森森的，像刀刃露出冷冰冰的寒光，彷彿對一切都是殘酷無情的。「黨衛隊要擔當起這個歷史重任，一個人要勝過國防軍的一個師、一個軍。」

　　約克斯是一個頗有名氣的黨衛軍上校，由於某種潛在的能力，他始終受到希姆萊、海德里希的賞識和重用，在工作上他和高級將領直接來往，而且任何一次的重大行動都少不了他的參與。為此，他在同行中趾高氣揚，專橫跋扈。

　　海德里希告訴約克斯說：「我們要製造一個假象，是要讓蘇聯方面確信，在蘇聯高層有人組織了一個試圖以暴力推翻史達林的反對派，為首的反史達林分子是蘇聯副國防人民委員圖哈切夫斯基。」

「這與我們有什麼關係呢？」約克斯一時沒能理解上司的意圖，並對從何處下手感到不解。

海德里希向約克斯和盤托出了希特勒的計劃，之後說：「你別忘了，我們的國防軍與蘇聯紅軍歷史上曾經有過一段蜜月時代，蘇軍將領與我們的將軍們過從甚密。要是能把這個消息拋給史達林，再製造出幾份文件，增加點氣氛，也許可以不戰而一舉摧毀蘇軍的指揮機構！你想過沒有，蘇聯人一旦上鉤，他們將要為此付出多大的代價！」

海德里希挺直身子，熱情溢於言表，顯得有些迫不及待，「我們得馬上開始行動！」

「這談何容易。」約克斯心裡明白，這不是一件容易的事情。「必須盡快把蘇聯元帥的資料搞到手，重要的是圖哈切夫斯基的簽名。」約克斯向海德里希要求。

「這不用你費神，你只要率領你的人竭盡全力地工作。這項工作我交給赫爾曼‧貝倫茨。他隨時聽從你的調遣。」

海德里希知道貝倫茨是個非常能幹的傢伙，也相信他的能力，因此輕鬆地說：「他會取得好的成績。」

海德里希再一次向約克斯面授機宜，當即決定在柏林布呂克街設立專門機構，由約克斯負責製造假文件。這些陰謀在四天之後悄悄地展開了。

▌蓋世太保製造殺人「毒箭」

　　海德里希提到的德國和蘇聯曾經有過的親密接觸是指二十年前的往事。

　　1922 年 4 月，蘇聯、德國兩國代表在義大利的熱那亞近郊召開會議。當時，遵循列寧利用帝國主義國家間矛盾的外交策略，蘇聯代表以積極的姿態做出了一些讓步。最後，雙方簽訂了《拉帕洛條約》，互相放棄了對戰費和戰時損失的賠償；德國撤回了對蘇聯因頒布國有化法令而遭成損失提出的有關賠償要求；雙方同意恢復兩國邦交和採取最惠國待遇原則，以促進兩國貿易。條約的締結，突破了帝國主義反對蘇聯的聯合陣線，加深了帝國主義國家間的矛盾。在這一時期，兩國在軍事領域也進行了祕密的交流與合作。

　　同年的 4 月 24 日，蘇德簽訂了為期五年的《互不侵犯條約和中立條例》，兩國的軍事合作隨之有了進一步發展。德軍獲準在蘇聯境內建立武器生產部門，同時，蘇聯則利用德國軍官的經驗和軍事領導知識訓練自己的武裝力量，並加快了軍事工業的改造。德國國防軍的高級將領們對此由衷地感到高興。

　　圖哈切夫斯基作為紅軍的領導人之一，特別是 1925 年 2 月至 1928 年 5 月間，他擔任紅軍總參謀長，與德軍參謀總長馮·塞克特上將，以及後來的兩位繼任者都有過祕密的接觸，

這本是正常的，但現在，這些都成了陰謀家們利用的資料。

要想取得圖哈切夫斯基的手跡以及有關資料，就必須得到國防軍軍事諜報局局長卡納里斯海軍上將的支持，因為圖哈切夫斯基和其他蘇軍將領的信札原件全部封存在國防軍最高統帥部軍事諜報局參謀本部的機密檔案室裡。

海德里希真不願意與卡納里斯海軍上將打交道，因為軍事諜報局與自己的黨衛隊保安處隔閡很深，兩人之間也積怨很久。但為了實現這次陰謀，他別無選擇了，不得不親自出馬。

「局長大人，如果我們的工作能夠得到您的幫助，我將非常榮幸。」海德里希滿臉堆笑，極力克制著自己，並露出諂媚的目光。

卡納里斯完全明白面前的這個人所要弄的把戲，他太瞭解海德里希的為人了。他只是冷冷一笑：「老實說吧，你要圖哈切夫斯基這些人的信件究竟幹什麼？」

海德里希也輕蔑地一笑：「我並無所圖，將軍，我們只是瞭解一下國防軍與蘇聯軍隊交往的歷史。幾天後我會原封不動地奉還給您！」

卡納里斯沒有馬上次答，點上一支雪茄。他意識到這是一個陰謀，弄不好會牽連到自己頭上。與海德里希多年交往的經驗，使得他對此人始終防了一手，但是，拒絕他的要求，那也絕非上策。

希特勒使用反間計

　　卡納里斯繼續抽他的雪茄，連續猛抽幾口，然後慢悠悠地轉過身來，和顏悅色地說道：「海德里希先生，請你相信我，對於你的要求，確實有小小的麻煩。這部分檔案被那幫蠢貨錯放到貯存化學藥品倉庫的地下室裡去了，門上裝的是定時鎖，必須到年底才能開啟。如果強行開啟，只怕會引起化學藥品爆炸，那樣的話，地下室裡的所有文件恐怕也全毀了。」

　　卡納里斯邊說邊極力裝做一副很惋惜又無能為力的樣子。海德里希明知對方在胡編謊言，卻又無法反駁，只得憤憤地離開軍事諜報局。然而，又一個陰謀出現在他的腦子裡。

　　一個深夜，德軍最高統帥部軍事諜報局一幢七層辦公大樓的窗口突然閃出一道紅光，幾分鐘後，大火蔓延開來，吞噬了整幢大樓，滾滾濃煙猶如烏雲閉月，火光映紅了柏林的半個夜空。消防車載著消防隊員來回穿梭，發出刺耳的尖叫。巡邏的憲兵、德國國防軍士兵蜂擁而至，現場一片混亂。

　　清理檢查的結果讓卡納里斯上將大吃一驚：「檔案處封存的一部分絕密文件丟失了。」

　　「這是嚴重的失職，我的將軍，」希特勒暴跳如雷，指著卡納里斯的鼻子一頓訓斥，「你要對此負責，盡快查清！」

「是，元首，我一定查清！」卡納里斯儘管感到莫名其妙，但希特勒的命令他不敢違抗。其後，他的確費了一番周折，然而，這起事件終究是個謎。

卡納里斯做夢也沒有想到，這齣鬧劇正是希特勒與海德里希合謀炮製上演的。

原來，當海德里希在卡納里斯處吃了一顆軟釘子後，為了絕對保密，便和希特勒密謀共同策劃了這個縱火案。

當時參加這項活動的一共有五個人，為首的就是黨衛隊的貝倫茨中校，其他四名大盜全是納粹德國國家刑警總部的在押犯。這些大盜都身懷飛簷走壁的絕技，製造的盜竊大案頻頻見諸報端，轟動德國乃至整個歐洲。

在貝倫茨的指揮下，這幫傢伙很快就搞到了軍事諜報局裡海德里希想要的書信和文件，而卡納里斯卻始終被蒙在鼓裡。

幾天後，在柏林艾伯特親王大街，也就是納粹蓋世太保總部所在地的一個祕密地下室裡，海德里希設立了一座技術用具一應俱全的實驗室，十多名語言學、邏輯學、心理學專家和印章專家，以及剛從卡納里斯軍事諜報局借來的筆跡模仿專家，正在緊鑼密鼓地炮製所謂圖哈切夫斯基謀反的「專卷」。

在陰謀家的手中，「圖哈切夫斯基及其同事們和德國最高統帥部將軍祕密來往信件」、「圖哈切夫斯基等人出具給

德國統帥部的數額巨大收款憑據」很快由虛無變成了現實。圖哈切夫斯基「親筆信件」中的筆跡、遣詞造句習慣以及語氣等,完全合乎那些真正出自他手筆的文章、信件。

很快,偽造「專卷」的工作順利地完成了。文件和信件的每一頁上,都煞有介事地蓋上了德國最高統帥部軍事諜報局的鋼印和「絕密」字樣的印章,德軍十餘名高級將領的德文縮寫簽字也躍然紙上,一切天衣無縫。海德里希順利地磨礪好這支飽蘸劇毒的暗箭!

▍圖哈切夫斯基蒙冤被害

在一家舒適典雅的酒店裡,常常聚集著許多外交使節和達官顯貴。捷克斯洛伐克駐德國首都柏林的公使馬斯特內也經常光顧這裡。表面上看,他是一個外交官,背地裡卻是一名特務人員。這一年多來,希特勒一直在祕密進行著侵略捷克斯洛伐克的罪惡勾當,尤其在蘇德台地區,蘇台德德意志人黨與納粹黨內外勾結,遙相呼應,一唱一和,威脅捷克政府,要求實行自治。

此時,捷克政府急欲瞭解蘇德關係的現狀和發展趨勢,如果蘇聯站在德國一方,那就意味著捷克斯洛伐克在與德國的衝突中將得不到蘇聯的支持。於是,捷克政府命令馬斯特內:「不惜一切代價,摸清德蘇動向!」

這天，他憂心忡忡，獨自一人喝著悶酒，一臉愁相。

「別發愁，可愛的先生，把一切煩惱都忘掉吧！」一個叫貝麗爾的小姐來到他的身邊，裝作很關心的樣子。

「你在想什麼？馬斯特內。」貝麗爾又一次嬌嗔地問道，「也許我們是最後一次了。」

「出什麼事了？」馬斯特內面對女人的言語，不解地問。

「我真擔心……」她低語道，「大家都指望蘇德和好，真不要發生什麼意外……」貝麗爾神色詭祕，欲言又止。

「我們似乎要單獨待一會兒。」馬斯特內急於揭開這個女人神祕的面紗。

「你終於同意了。」貝麗爾緩緩起身舉起酒杯，臉上掠過一絲不易察覺的喜悅。

「德國人正在與蘇聯紅軍中一個反史達林集團進行接觸，柏林希望蘇聯政府出現內訌。」貝麗爾以曖昧的方式暗示著馬斯特內。

這件事令馬斯特內震驚不小，但他極力掩飾著自己的驚慌。

「親愛的，這是絕密情報，但願您守口如瓶！」貝麗爾煞有介事地說著，又將雙臂搭在馬斯特內有些僵硬的脖子上。

馬斯特內也許無法想像，這個讓他丟魂的女人，其實也是在奉命行事。貝麗爾雖然只有二十四歲，但她早已是蓋世太保

的一名成員，同時又是德國外交部的祕書。海德里希已指使她，在無意之中將圖哈切夫斯基的絕密情報透露給馬斯特內。

第二天，捷克斯洛伐克總統貝奈斯便得知了這一消息。他急匆匆地召見蘇聯駐布拉格大使亞歷山德羅夫斯基，心急火燎地通報了馬斯特內報告的內容……

三天後，法國政府在巴黎舉行外交官招待會。席間，法國總理達拉第又向蘇聯大使波特金通知了法國得到的情報：「大使先生，法國很擔心，莫斯科有改變政治方針的可能。根據可靠情報，納粹武裝力量正與蘇聯某些紅軍將領之間達成推翻史達林的協議！」

「這是謊言，總理先生，不要輕信上當！」波特金不露聲色。可是，他的心裡卻掠過一陣驚悸。

十分鐘後，波特金返回大使館，用加急電報向莫斯科作了匯報。

原來，這些都是海德里希為了增加情報的可信度，故意施放的一個又一個煙幕。

醜惡的計劃在順利地實施，莫斯科在一步一步地走向陷阱。貝倫茨化名來到布拉格，透過德籍移民柏米與捷克總統貝奈斯聯繫，提出出賣圖哈切夫斯基謀反「專卷」時，貝奈斯信以為真，立即電告史達林。很快，貝奈斯的聯絡員與海德里希的代表直接接觸，莫斯科的全權代表葉若夫也飛抵柏林。

　　希特勒為了使陰謀更加逼真，向蘇聯方面索價三百萬盧布。然而，蘇聯為此付出的不僅僅是一筆數目巨大的盧布，而是更聳人聽聞的慘重代價。

　　1937 年 5 月，圖哈切夫斯基被解除了副國防人民委員的職務，任命為伏爾加軍區司令員。這個極不正常的貶謫，不僅引起了外界的種種猜測，圖哈切夫斯基本人也預感到了不祥之兆。人們無法想像，這個在五一節上還一身戎裝陪在史達林身邊的紅軍元帥，怎麼這麼快就失去了史達林的信任。

　　數日後，圖哈切夫斯基偕同妻子尼娜‧葉夫根尼耶夫娜來到莫斯科喀山火車站向戰友們告別。

　　「元帥，請多保重！」「一切都會過去的。」前來送行的戰友、部下真誠地握住他的手，彷彿給這位尊敬的元帥注入戰勝一切的力量。

　　「謝謝。」圖哈切夫斯基竭力保持鎮靜，然而他的精神被摧垮了，昔日如炬的目光黯然失色。舉手投足之間，一副因衰老而心力交瘁的病態。圖哈切夫斯基挽著妻子的臂膀，步履蹣跚地登上了月臺。

　　6 月 4 日，伏爾加沿岸軍區召開政治工作會議。圖哈切夫斯基端坐在主席台上，他眉頭緊蹙，臉色蒼白而疲倦。此時，他正在作《關於軍事訓練的任務和當前的工作》的報告，這是他一生中的最後一次報告。隨著一陣雷鳴般的掌

希特勒使用反間計

聲，圖哈切夫斯基緩緩起身，向著台下深深地鞠了一躬。

會議剛一結束，圖哈切夫斯基元帥立即被逮捕了。幾乎在同一時間裡，蘇聯革命軍事委員會擴大會議在莫斯科召開。史達林公開揭露紅軍中的「反革命軍事法西斯組織」，號召徹底粉碎軍人中的「反革命陰謀」。

當月，《真理報》發表了圖哈切夫斯基等八名軍事將領被捕、並交付軍事委員會審判的消息。一切都進行得突然而迅速。次日，圖哈切夫斯基和基輔軍區司令員亞基爾、白俄羅斯軍區司令員烏鮑列維奇、伏爾加軍區副司令員帕裡曼科夫、紅軍軍事學院院長科爾克、紅軍幹部部長費里德曼，以及埃捷曼、普特納兩位軍長，全都因犯「間諜和叛國罪」被處決。圖哈切夫斯基的戰友、副國防人民委員戈馬爾尼科，則在內務部人員前去逮捕時開槍自殺。

這次事件之後緊接著的「大清洗運動」致使蘇聯紅軍遭受了重大損失。從 1937 年下半年至 1938 年間，蘇軍失去了五名元帥中的三位，十六名軍區司令員中的十四人，六十七名軍團長中的六十人，一百九十九名師長中的一百六十三人，計有三萬五千名紅軍各級優秀指揮員被鎮壓。

至此，蘇聯紅軍元氣大傷！希特勒為進攻蘇聯打下了削弱對方指揮力量的基礎。

果然，時隔不久，希特勒就撕毀了和約，一度攻陷了蘇聯的大部分國土。

《慕尼黑協定》的出籠

　　1938 年 9 月 29 日至 30 日，英、法、德、義首腦張伯倫、達拉第、希特勒、墨索里尼在慕尼黑會議上簽定《慕尼黑協定》。這個協定使捷克斯洛伐克喪失了一萬一千平方英里的領土、三百六十萬居民和許多經濟資源，破壞了英、法在東歐的同盟體系，加強了納粹德國的經濟和軍事實力，助長了德、日、義法西斯的侵略氣焰。這四國為什麼會簽訂這樣的協定，它是怎樣出籠的？

▎德國納粹黨操縱蘇台德騷亂

納粹上臺五年後的 1937 年，德國的實力和軍備都已經取得了歐洲大陸的領先地位。納粹頭子希特勒認為，德國的未來不能靠經濟上的自給自足，也不能用在世界工商業中增加份額的辦法來保證，而是要依靠地域的擴張，來爭取「生存空間」。因此，解決的方法就是擴張德意志帝國的疆界。

1937 年 11 月 5 日下午，柏林舉行祕密會議，決定德國未來的政策。會議的結論是，擴張的第一步就是要立即調整納粹德國，使其擴張到中歐。因為德國能夠從那裡取得糧食供應、原料和人力，作為進一步向東、向波蘭和烏克蘭富饒的土地進行軍事侵略的準備。因此，必須把奧地利和捷克斯洛伐克弄到手，作為進一步侵略的前提。

1938 年 3 月，德國以不發一槍的所謂「和平」方式吞併奧地利，並將其劃為德國的一個省。對奧地利的吞併，使德國的領土擴大了百分之十七，人口增加了百分之十，工業生產能力提高了百分之四至百分之五，播種面積提高百分之三十。德國也由此控制了中歐的策略要地，並且在公路、航運、鐵路各方面達到了對整個西南歐的交通進行軍事上、經濟上的控制，形成了對捷克斯洛伐克的策略包圍。

在希特勒輕而易舉地取得了策略上的成功時，英、法、美等西方大國對此除了故作姿態的虛弱抗議之外無所作為，

　　至 4 月初，英、法、美相繼承認了德國對奧地利的吞併，撤回了駐奧地利使館而代之以駐維也納領事館。

　　西方諸國的反應鼓勵了希特勒的野心，他把擴張的下一個目標直指捷克斯洛伐克。而且，希特勒選定的突破點是蘇台德地區日耳曼少數民族問題。

　　捷克斯洛伐克是一個多民族的國家。在一千四百多萬人口中，捷克人和斯洛伐克人共有九百五十多萬。此外，國內還有五百多萬少數民族，其中又以日耳曼民族為主，當時，捷克境內的日耳曼人大約三百五十多萬，集中居住在捷克西部與德國接壤的蘇台德地區。

　　蘇台德地區位於波希米亞和摩拉維亞地區的邊境，是一個山區，居住著近三百萬講德語的日耳曼人。生活在這一地區的日耳曼人除了在歷史上曾經做過羅馬帝國的臣民之外，從來沒有處於德意志帝國的統治之下。第一次世界大戰後領土重新劃分，該地區劃歸捷克。雖然歷史上沒有接受過德意志帝國的統治，但日耳曼民族屬性的認同感仍然受到了刺激。

　　畢竟與以日耳曼人為主體的奧匈帝國不同，在捷克斯洛伐克，他們成了少數民族。但是，即使這樣，在劃歸捷克斯洛伐克的頭 15 年，蘇台德地區的日耳曼人還是很少製造麻煩的。他們也確實得到了比中東歐其他少數民族較好的待遇。

《慕尼黑協定》的出籠

　　然而，自從希特勒上臺以後，日耳曼民族的優越感和納粹思想的滲透，使得原有的不滿情緒像火山一樣爆發了。

　　蘇台德德意志人黨和該黨的領導人漢萊因把納粹德國作為所有日耳曼人的保護者，而拋棄了對所在國捷克斯洛伐克的認同。同時，在柏林面前，則又把自己打扮成捷克境內被壓迫的少數民族的衛士，並繼而提出了蘇台德日耳曼人自治的要求。這一點正好和希特勒的擴張政策合拍，為希特勒吞併捷克提供了最好的藉口。

　　1938 年 3 月 28 日，希特勒在柏林接見了漢萊因，就在這次會見中，希特勒和漢萊因討論了新行動的基礎。

　　希特勒說：「德意志人黨現在必須意識到它已經獲得了一個有 7500 萬人的日耳曼民族的支持，7500 萬人不能容忍捷克斯洛伐克政府繼續壓迫蘇台德地區的日耳曼人。因此，德意志人黨必須意識到自己的責任，並且要在偉大的解放運動中演好自己的角色。德意志人黨的任務是向布拉格政府提出必要的要求，保證該黨得到它所嚮往的特權。」

　　4 月 24 日，漢萊因在卡爾斯巴德提出了蘇台德地區日耳曼少數民族的「合理要求」──《卡爾斯巴德綱領》。這個綱領不僅包括了蘇台德地區德意志人自治的苛刻條件，而且為進一步向捷提出領土要求打下了基礎。它的要點主要包括：

　　　不承認德意志人在捷克斯洛伐克的少數民族地
位，要求德意志人和捷克人完全平等；透過立法在
蘇台德地區建立一個德意志區，實行完全自治；德
意志區全部官職由德意志人擔任；結束蘇台德德意
志人自 1918 年以來所遭受的不公平待遇，釋放納粹
政治犯等。

　　而且，漢萊因還在以後的講話中表示，捷克斯洛伐克必
須完全改變其與法蘇結盟的對外政策，廢除它同法國、蘇聯
所簽訂的盟約，轉而完全依附於德國。

　　漢萊因明確提出要求：「捷克斯洛伐克政府必須完全改變
其對外政策。」因為他認為，「捷克迄今為止的外交政策已
把該國置於與日耳曼民族為敵的地位」。

　　這些所謂「合理要求」是由捷克斯洛伐剋日耳曼少數民
族自己提出的，而不是由德國直接提出來。這一點對希特勒
非常重要。因為這樣，一旦布拉格政府拒絕這些要求，希特
勒就可以以「所有日耳曼人的保護者」的身分出現，實現他
的擴張計劃。但是，捷克斯洛伐克是不會同意的，哪怕是作
為談判的基礎也不會答應。

　　捷克斯洛伐克政府對漢萊因所能做出的讓步不能使柏林
滿意，這是希特勒早已預料到了的。因此，在 3 月末蘇台德
地區的問題首次提出來之後，德國就一直沒有放棄對捷克進
行軍事占領的決心和準備。從 5 月開始，希特勒在德、捷兩

國邊境集結軍隊的意圖和行動都日益明顯和加強，中歐的局勢驟然緊張起來。

雖說在中歐地區，捷克斯洛伐克是工業相對發達的國家，但面對強鄰，並沒有足夠的軍事實力來自我保護，因此只好把國家的安全寄託在集體安全體系之上。為此，捷克斯洛伐克想透過與法國以及蘇聯等國簽訂一系列的「條約」，為國家構築一個安全的堡壘。

英法出賣他國利益避免衝突

捷克斯洛伐克是國際聯盟的成員國，根據《國聯公約》第十六條的規定，當它在受到武力威脅時，無論威脅來自何方，都將得到國聯及其成員國全面、充分援助的保證，其中包括英國和法國。

遺憾的是，無論條約還是盟國都沒有給捷克帶來真正的安全保障。除了蘇聯以外，沒有一個國家在這場緊張局勢中明確表示並認真準備在事件發生時會給捷克以應有的援助，沒有一個國家願意為一個小國的利益大動干戈。

在蘇台德危機爆發後，蘇聯向捷克提出，即使法國不援助捷克，蘇聯也準備履行自己的條約義務。然而，捷克最終並未接受。捷克斯洛伐克總統貝奈斯最終之所以決定接受慕尼黑的條款，而不想單獨戰鬥或是在蘇聯作為唯一盟國的情

況下進行戰鬥，主要是因為他不願意使自己的國家遭受對德戰爭所造成的破壞和大量的人員傷亡。他並且認為，如果蘇聯參戰，西方就會認為捷克是使中歐布爾什維克化的工具，並會在一場德蘇戰爭中撒手不管。

法國和英國在德國對奧地利的吞併剛剛過去一個多星期，蘇台德地區的問題剛冒出頭來時，就對此進行了磋商。兩國的態度是一致的。當然，法國在理論上表示他們準備保衛捷克斯洛伐克以示尊重他們的條約義務。但是，實際上他們卻根本沒有做好應戰的準備，這一點是法國軍事首腦明確指出來的。他們曾經嚴肅地警告說，法軍的主要力量和多數資源都放在沿法國東北部邊境的馬奇諾防線上。它並不具備在自己國境之外進行一場戰爭的條件。這當然是法國防禦性策略決策的結果。

英國和捷克斯洛伐克之間沒有明確的條約義務。而且，他們也根本不想打仗，不想在中歐地區為了一個遙遠小國的利益打仗。英國首相張伯倫反對一切不由英國政府自主做出的參戰決定，對可能將英國拖入戰爭的中歐動盪局勢甚為恐懼。所以，當他和法國總理達拉第及其同僚們進行磋商的時候，就很容易找到共同語言了。

雙方為尋求蘇台德危機的「和平解決」，不惜採取妥協與綏靖的政策。1938年4月，達拉第前往英國與張伯倫磋商。

《慕尼黑協定》的出籠

張伯倫對達拉第說，英國是不會為捷克斯洛伐克作戰的，並勸法國也這樣做。

張伯倫和達拉第都認為，希特勒的全部要求，只不過是為他在捷克斯洛伐克境內的同胞「伸張正義」而已。張伯倫甚至說：「希特勒要求的是民族自治，而不是征服。」英法兩國商定，由英國政府出面警告德國「充分瞭解到自己所作所為的危險性」，同時，兩國政府又在布拉格採取聯合外交行動，促使捷政府向德國做出更大的讓步。

為此，一方面英法表示在任何情況下他們都不會捲入軍事衝突；另一方面，在 5 月 7 日，兩國駐捷公使正式要求捷政府與蘇台德德意志人黨達成「全面的持久的解決方法」。

希特勒並沒有張口，英法兩國政府對捷克斯洛伐克政府的壓力卻一天比一天沉重。他們要捷克斯洛伐克給予蘇台德日耳曼人以更大範圍的讓步。布拉格終於頂不住各方面襲來的壓力，宣布赦免了一千二百名納粹政治犯，同時，在蘇台德地區允許漢萊因實行選舉、擴大日爾曼民族的權利等政策。

但是，在柏林的授意下，漢萊因以政府拒絕蘇台德地區完全自治為由，於 5 月 19 日突然中斷了同捷政府的談判。同一天，德國報紙報導了軍隊調動的消息，德軍四個摩托化師已在捷克邊界集結，並且做好了襲擊波希米亞的全面準備。

英法兩國政府對德要用武力和武力威脅解決蘇台德問題，不惜破壞歐洲的穩定的做法感到極度不安。英法決定對德國施加壓力和影響，以迫使德國在英法能夠接受的範圍內行事。也就是說要透過妥協，在不動用武力的情況下解決問題。因此，在以後的四十八小時內，歐洲出現了 1914 年 8 月以後最繁忙的外交活動和最緊張的軍事準備，這是英、法、蘇和捷克團結一致抵抗德國侵略的最後一次表現。

面對德國的挑釁，捷克斯洛伐克政府於 5 月 20 日發布「部分動員令」，徵召後備役人員和某些技術人員入伍。5 月 21 日，法國外長發表談話指出，如果德軍入侵捷克斯洛伐克，法國將履行《法捷互助條約》的義務。

同一天，英國駐德國大使也對德國外長表明，如果法國履行《法捷互助條約》的義務，英國政府不能保證在事件的壓力下不會介入。英國外交大臣哈里法克斯說得更加乾脆：「德捷戰爭就意味著法德戰爭，因而也許或遲或早成為英德戰爭。」

在此期間，蘇聯政府也多次發表聲明，要同法國和捷克斯洛伐克一起採取一切措施，以保證捷克斯洛伐克的安全。蘇聯最高蘇維埃主席團主席加里寧甚至公開聲明：「互助條約不禁止每一方提出援助，無須等待法國。」

捷德邊境的對峙引起的國際緊張局勢，形成了所謂的「5月危機」。

《慕尼黑協定》的出籠

在這次危機中，英、法、捷、蘇雖然立場不同，出發點不同，但是在抵制德國採用武力威脅一個小國、破壞整個歐洲的和平與穩定這一點上，有著某種共同的利益。在這種情況下，希特勒的顧問們一致認為有必要實行政治退卻。他們提醒說，德國軍事機器能夠在不遇抵抗的情況下進軍奧地利，但其準備狀況卻不足以在兩條甚至三條戰線上同時作戰。

在多方的壓力下，希特勒才指示外交部告訴捷克斯洛伐克公使，德國對捷克斯洛伐克沒有任何侵略意圖，德軍在德捷邊界集結的傳聞「毫無根據」。26 日，漢萊因奉希特勒之命恢復了同捷政府的談判。「5 月危機」得以暫時緩和。英、法兩國在「5 月危機」中所表現的較強硬的立場，並不意味著它們放棄了既定的綏靖策略。他們的目的仍是不惜任何代價維持「和平」。因此，至 7 月 26 日，張伯倫派沃爾特‧倫西曼勛爵以「非官方身分」赴捷充當蘇台德德意志人黨與捷克斯洛伐克政府的「調解人」，為英法「普遍的綏靖」政策開闢道路。倫西曼奔走於蘇台德和布拉格之間，不斷脅迫捷克斯洛伐克政府，企圖以肢解捷克斯洛伐克為代價達成英德妥協。

為了贏得國際輿論的同情和支持，貝奈斯總統做出了最後的讓步。除了拒絕接受捷克斯洛伐克應該扭轉其外交政策這一要求外，貝奈斯總統幾乎答應了蘇台德德意志人黨所有的要求，甚至包括在一個民主的捷克斯洛伐克共和國中為一

部分居民建立一個法西斯的政權。

貝奈斯總統把這個妥協計劃交給英國方面的時候，在一份隨文附送的照會中說得非常清楚，這個最後的讓步是他以及他的政府在英、法外交代表的直接壓力下做出的。

但是，他的看法是：

由於柏林政府的眾所周知的計劃以及漢萊因黨的目標，這項建議德國人不見得會接受。

四大國發表協定肢解捷克

9月7日清晨，在莫勞斯卡 - 奧斯拉瓦的一次遊行示威中，一個蘇台德德意志人黨的代表與一名捷克騎警發生了衝突，據說騎警用馬鞭抽打了那個代表。這就足以作為藉口了。

蘇台德德意志人黨全面中斷同捷政府進行的談判，在蘇台德地區煽起了民眾騷動。直至9月15日，蘇台德地區的肉搏戰才平定下來。就這樣，捷克政府做了巨大讓步的談判，以蘇台德德意志人黨對他們自己突然得到的勝利成果感到驚慌而告終。

9月7日，貝奈斯總統在《泰晤士報》上讀到了這樣一項建議，要捷克斯洛伐克再作犧牲，犧牲的代價是連蘇台德德意志人黨本身都從未提出過的，即割讓領土給德國。這是英、法決定不惜犧牲捷克斯洛伐克的利益來避免與德國衝突

《慕尼黑協定》的出籠

做出的舉措。

不久，張伯倫受法國之邀，同時也代表英國火速趕到德國，同希特勒商談「尋求和平解決的辦法」，經過磋商，張伯倫帶回了希特勒要求的、按照民族自治使蘇台德德意志人地區脫離捷克斯洛伐克的基本原則。

9月19日，張伯倫返抵倫敦後的第一件事就是，立即同法國政府共同起草了《對捷克斯洛伐克的最後通牒》，並送至捷克斯洛伐克政府。

《通牒》聲稱：

> 捷克斯洛伐克如果不立即把主要是德意志人居住的地區割讓給德國，和平的維護和捷克斯洛伐克切身利益的安全，便不可能獲得切實的保障。

英、法政府表示，在捷克斯洛伐克做出如此巨大的犧牲後，它們同意參加對捷克斯洛伐克新疆界的國際保證。但同時，他們也直接威脅說，如果捷克斯洛伐克不改變態度，法國「將不履行它的條約義務」，英國也將「置身事外」。

9月21日，無可奈何的捷克斯洛伐克政府照會英、法政府，聲稱：「捷克斯洛伐克政府為時勢所迫，不得不對這種毫無商量餘地的勸告表示讓步，只好以沉痛的心情接受法、英兩國的建議。」貝奈斯總統在向國民演講時悲憤地說：「我們沒有別的選擇，因為我們被拋棄了。」

至此，張伯倫帶著英、法兩國的建議及捷克斯洛伐克的屈辱條約，再次飛到德國，準備與希特勒進行第二次會談，但是，張伯倫被當頭潑了一盆冷水。

希特勒又提出了新的要求：

德意志族占居民百分之五十以上的地區，由德國進行軍事占領；德意志族不占居民多數的地區，應由「公民投票」決定其歸屬；同時還要捷克斯洛伐克滿足匈牙利和波蘭所提出的領土要求。

張伯倫雖然對希特勒的出爾反爾、貪婪蠻橫感到震驚和氣憤，但他更害怕德捷衝突會把英法捲入戰爭，並且擔心他以個人名譽擔保要維護和平的努力失敗；於是他答應把希特勒新的苛刻條件再轉交給捷克斯洛伐克政府。

希特勒的貪婪要求在整個歐洲引起了強烈反響。捷克斯洛伐克全國掀起了抗議的浪潮，要求政府抵抗侵略。25日，捷克斯洛伐克駐英公使向英國首相遞交了拒絕照會，隨後發布了戰爭動員令。

9月20日、22日和23日蘇聯政府多次聲明：

蘇聯將按照互助條約的規定承擔義務，對捷克斯洛伐克提供有效的援助。

為此，蘇聯在西部集結了三十個步兵師，並且命令空軍和坦克部隊進入戰備狀態。9月25日，法國政府宣布，如果

《慕尼黑協定》的出籠

捷克斯洛伐克遭到攻擊，法國將履行法捷條約的義務向捷提供援助，並於 27 日宣布部分動員。

在國內外反對意見的壓力下，張伯倫也不得不向希特勒發出「警告」：

> 法國政府已經通知我們，如果捷克人拒絕那份備忘錄，而且德國向捷克斯洛伐克進攻，他們就要履行其對捷克斯洛伐克的條約義務。要是法國軍隊因此而轉為與德國交戰，我們覺得有義務支援他們。

歐洲的局勢又緊張起來。在緊張之中，希特勒一方面對捷克斯洛伐克及其領導人大肆攻擊、謾罵和威脅，並且蠻橫地限定捷克斯洛伐克政府必須在 9 月 28 日下午 14 時以前接受德國的要求；另一方面又別有用心地對英、法搖動橄欖枝，聲稱德國並不希望和英、法打仗，並感謝張伯倫爭取和平的努力，重申這是他在歐洲的最後一次領土要求。

張伯倫從德國回來之後，仍執意向希特勒退讓。他表示：「不論我們多麼同情一個強鄰壓境的小國，我們總不能僅僅為了它的緣故就不顧一切地把整個大英帝國拖入一場戰爭。」因此，他兩次致電貝奈斯，要求捷方接受德國人對蘇台德地區「某種有限度的占領」。他還威脅說：「這個計劃如果不被採納，取而代之的就只有武力入侵、武力肢解這一條路。」

就在這種微妙的情況下，德國的法西斯朋友出來救場了。義大利總統墨索里尼提議，召開一個有英、法、德、義四國參加的國際會議。

9月28日，希特勒同意了這個建議，並且發出了邀請。29日，張伯倫第三次飛往德國，在慕尼黑同達拉第、墨索里尼、希特勒討論肢解捷克斯洛伐克的方案。

同一天，蘇聯政府也提出了建議，立即召開國際會議，討論防止侵略和避免新的大戰的措施。但是，無論在英國還是在德國心目中，都在有意地排斥蘇聯，不讓其參與解決歐洲的政治問題。

英、法、德、義四國領導人在慕尼黑的談判基本是一邊倒，協定完全是按照希特勒的要求做出的。捷克斯洛伐克作為當事國，它的代表雖然也被召到了慕尼黑，但卻一直被排斥在會議之外。

捷克斯洛伐克的代表之一馬薩里克博士後來在他的文章裡就當時的情況描述道：

> 9月29日晚上22時，英國代表霍拉斯爵士把新計劃的要點告訴了我們，並交給我們一張地圖，上面標明了將要立即被占領的地區。

我提出了反對意見，對此他兩次斬釘截鐵地說，他對於他所講的話，沒有什麼可補充了。我們就對於我們來說極為

《慕尼黑協定》的出籠

重要的那些地方和地區發表了意見，他對這些意見毫不在意。最後，他回去開會了。

四個小時後，捷克斯洛伐克代表接到了四國達成的協定。

馬薩里克博士在他的文章裡寫道：

> 一個法國人用一種十分粗暴的態度向我們解釋說，這是一項無權上訴、也不可能改變的判決。

面對《慕尼黑協定》，捷克斯洛伐克的代表很清楚，1918 年邊界所確定的捷克斯洛伐克共和國已不復存在了。當布拉格正在沉痛地發表公告時，英國、法國、德國、義大利則是一片歡欣鼓舞的景象，人們沉浸在一種殘酷而短視的歡樂中。

正如邱吉爾就德捷問題上評價張伯倫一樣：

> 讓你在戰爭與恥辱之間做一抉擇，你選擇了恥辱，而你將來還得進行戰爭。

英法在狂歡不到半年，希特勒就撕毀了協定，發動了第二次世界大戰。

德蘇條約的幕後故事

　　1939 年 8 月 23 日，蘇德在莫斯科簽訂了《德蘇
互不侵犯條約》，該條約劃分了蘇德雙方在東歐地區
的勢力範圍，約定了彼此的權利和義務。對蘇聯而言，
英、法是「老牌帝國主義國家」，意識形態衝突顯而
易見，而納粹德國的崛起更是直接威脅到蘇聯的國防
安全。那麼，史達林為何要與納粹德國簽訂所謂的「和
平條約」，幕後究竟有哪些難以告人的祕密呢？

▌德國假意伸出「橄欖枝」

1939 年 8 月 15 日晚上 20 時，德國駐蘇聯大使舒倫堡求見蘇聯外交部長莫洛托夫，向他轉達了希特勒的意圖，稱德國外交部將到莫斯科談判，以解決蘇德關係緊張的局勢。

此時的蘇聯已經注意到德國在歐洲的侵略意圖，並十分焦急地想和其他幾個歐洲大國，像英國、法國等建立同盟，以阻止德國繼續擴張，確保地區的和平與穩定。但是英法兩國仇視新生的社會主義國家，因此，蘇聯幾次提出的建立同盟的建議，都碰了「軟釘子」。

莫洛托夫的前任李維諾夫始終都在盡力拉攏、聯合以英法為代表的西方國家，爭取簽訂一個透過集體協議來達到反侵略目的的和平計劃。

然而，西方國家對他不屑一顧，李維諾夫的努力歸於失敗，史達林一氣之下免去了他的外交部長職務。

現在，德國人首先向蘇聯伸出了「橄欖枝」，使新外交部長莫洛托夫異常高興。

在會見德國代表舒倫堡時，莫洛托夫向舒倫堡提出在兩國之間簽訂一項互不侵犯條約的建議，並希望德國能利用其對日本的影響力從中斡旋來改善蘇日關係，消除兩國邊境上的衝突，並談到波羅的海國家的安全是不是能由蘇德聯合擔保等問題。舒倫堡聽了蘇聯的建議，暗暗高興，因為這些想

法正是希特勒所希望的。

希特勒認為：只有使蘇聯置身於事外，他才能放心大膽地進攻波蘭，而無須害怕蘇聯的干涉。那樣的話，英國和法國就會不寒而慄，納粹德國的版圖就會無限膨脹。

舒倫堡根據希特勒的指示轉達了德國無條件接受蘇聯方面建議的態度。他告訴莫洛托夫：「德國準備與蘇聯締結一項互不侵犯條約，而且，如果蘇聯政府也有同樣願望的話，這項條約的期限可以定為二十五年，期滿以前不得廢除。德國還準備與蘇聯共同擔負起對波羅的海各國的安全擔保。德國也願意發揮自身的影響來改進並鞏固蘇日兩國的關係。」

得到德國的承諾之後，莫洛托夫拿出蘇聯政府對納粹德國外交部長來信的回覆。這份答覆一開始就追溯了納粹政府之前對蘇聯的敵視行為，並且說：「直至最近以前，蘇聯政府一直都認為德國政府是在找機會同蘇聯發生衝突，更不用提德國政府利用所謂反共公約努力建立而且已經建立了包括一些國家在內的反蘇聯『統一大戰線』這件事了。」

莫洛托夫解釋說：「正是由於這個理由，蘇聯才參與組織一個反對德國侵略的聯合防禦陣線。」

莫洛托夫接著指出：「雖然如此，如果德國政府現在要對過去的政策進行改變，準備認真改善與蘇聯的政治關係的話，蘇聯政府表示歡迎，並且準備在自己這方面修改政策，以便認真改善對德關係。」

蘇聯政府認為德國這樣一個願望要透過「認真而實際的步驟」來做到，而不能像德外長里賓特洛甫建議的那樣步子跨得太大。

蘇德簽訂「互不侵犯」條約

希特勒接到這個報告後，認為這是一個非常重要的信號。8月18日，他發去了由外長里賓特洛甫署名的「特急」電報給舒倫堡大使。要求「立即安排再次進見莫洛托夫，告訴他，德國外長立即動身前往莫斯科。並將帶著元首的授權，最後全面地解決問題」。

希特勒遙控蘇德談判，心急如焚，因為德國進攻波蘭已經是箭在弦上，他需要莫斯科的態度，因為莫斯科的態度是德國能否順利占領波蘭的前提，也是在此之前必須要解決的問題。希特勒和里賓特洛甫焦急地等待著莫斯科的決定，但是，莫斯科方面卻始終沒有給予正面的答覆。

8月19日晚上，希特勒望眼欲穿的蘇方回音終於來了。舒倫堡匯報說，在有關兩國全面貿易談判協議上，蘇聯方面有意拖延，不肯在協議上簽字，原因大概是政治上的因素。當天蘇聯外長接見了德國大使，並將蘇聯人起草的蘇德兩國互不侵犯條約草案交給德國方面，還說只有在兩國簽署了貿易協定的一週後，德國外長才能到莫斯科訪問。

蘇聯人的態度讓希特勒十分惱火，但為了全盤計劃，他不得不放下架子去和史達林打交道。8月20日，他發去一封電報給史達林，由德國駐莫斯科大使立刻轉交給蘇聯外長莫洛托夫。電報說：

> 我衷心地歡迎新的德蘇商貿協定的簽字，認為它是改變德蘇關係的第一步。同蘇聯簽訂互不侵犯條約，對我來說意味著確立德國長期政策。德國從此將恢復過去若干世紀中對我們兩國都屬於有益的政治方針。我接受你的外交部長交來的互不侵犯條約草案，但是認為迫切需要盡快地澄清與之有關的問題。

關於蘇聯方面所希望的補充議定書的內容，我想如果能有一位負責的德國政治家到莫斯科談判的話，我深信在最短的時間裡就能得到澄清。如若不然，德國政府就無法明白，這項議定怎樣才能在短時間內澄清內容並得到解決。

8月21日晚上21時，莫斯科來電同意里賓特洛甫訪蘇。

8月23日夜裡，史達林在冷淡的氣氛中接見了德國外長里賓特洛甫，他們共同商定了協議的文本。為了向蘇聯方面表示友好，里賓特洛甫在文本的前方特意加上了有關德蘇兩國形成友好關係的重要文字。

而史達林卻表示了反對。他說：「蘇聯政府不可能在雙方敵視仇恨這麼多年的今天，突然之間把一項德蘇友好宣言拿到群眾面前來。」

德蘇條約的幕後故事

史達林和希特勒的心裡都十分清楚，兩國之間不會有真正的和平外交，之所以簽訂互不侵犯條約只不過是兩國為自身利益而不得不為之的權宜之計。

條約中規定：

> 雙方保證絕不單獨或聯合其他國家進行任何侵略行為或者任何攻擊；如果締約一方成為第三國敵對行為的對象時，締約另一方將不給予該第三國任何支持，締約任何一方將不加入直接或間接旨在反對另一方的任何國家集團。

這個條約的簽訂，使希特勒出兵波蘭沒有了後顧之憂。除此條約外，蘇德雙方代表還在劃分東歐的勢力範圍問題上達成了《祕密附屬協定書》：

在芬蘭、愛沙尼亞、拉脫維亞、立陶宛等波羅的海國家所屬地區發生領土上或政治上的變動時，立陶宛的北邊疆域應成為德國和蘇聯兩國勢力範圍的邊界。雙方承認立陶宛在維爾那地區的利益。在波蘭所屬的地區發生領土或政治上的變動時，德國和蘇聯的勢力範圍將大體上以那雷羅夫河、維斯瓦河一線為界。

關於東南歐，蘇聯政府提請注意它在此處的利益，德國方面宣布，它對此地區在政治上沒有任何興趣。

波蘭淪為大國博弈犧牲品

　　德蘇條約的簽署和發表，使德國的盟友大發雷霆，墨索里尼和佛朗哥公開表示不同意。日本政府更是大加反對，因為日本已經在中蒙邊境與蘇聯開戰，他們正準備大規模推進。

　　英國保守黨對德蘇條約的簽署也大動肝火，他們第一次叫嚷要殺死希特勒。但是，以綏靖思想為國策的張伯倫除了繼續妥協外，沒有任何新的舉措。他只是以歐洲大國代表的身分做出姿態說，英國將會承擔波蘭的安全保障。然而，希特勒對張伯倫視若無物，不僅將他的話當成耳旁風，而且還加快了進攻波蘭的步伐。

　　德蘇兩國互不侵犯條約的簽署，使希特勒得以騰出手來，輕鬆愜意地大舉入侵波蘭。蘇聯從中得到了好處，他們贏得了一塊波蘭的土地作為他們的疆界，以便在遭到麻煩時起緩衝作用。但後來的事實證明，這並沒有給蘇聯帶來任何作用和好處。

　　《德蘇互不侵犯條約》簽署後，蘇聯贏得了短暫的和平，並成功地阻止了西方國家想利用德國占領波蘭的同時「把戰爭轉向蘇聯」的陰謀。

　　有一位蘇聯外交家當年曾經向美國作家斯特朗說過：

德蘇條約的幕後故事

　　要是沒有《德蘇互不侵犯條約》，我們現在就會受到德、義、日軸心國從歐洲和亞洲的兩面夾擊。英法兩國會據守馬奇諾防線並且資助希特勒。美國會成為「日本的兵工廠」來反對我們。簽訂了這個條約，我們就在納粹德國、日本和英國等國之間引起了矛盾。我們分裂了法西斯世界的陣營，我們將不用對整個世界作戰了。

　　史達林也早已注意到了當時的嚴峻形勢，他知道希特勒就要打仗了。他決定蘇聯不能被別人騙到單獨對德作戰的倒楣局面中去。如果與西方國家結成同盟的希望不能實現的話，只能聯合希特勒，與西方仇恨蘇維埃共和國的國家對抗。

　　史達林的這個願望後來果然實現了，邱吉爾在他的《第二次世界大戰回憶錄》中寫道：

　　史達林與希特勒做交易一舉，固然足以令人齒冷，然而在當時是最高現實主義的。史達林的首要考慮，就同任何國家政府首腦考慮的一樣，是他自己一家的安全。

製造進攻波蘭的口實

　　1939 年 9 月 1 日 4 時，德國出動六十二個師、一百六十萬人，陸、海、空三軍同時出動，大舉入侵波蘭。10 月六日，波軍全軍覆沒，德波戰爭結束。希特勒自上臺後，就虎視眈眈想奪取這塊在一戰後被分割出去的「肥肉」，如今終於實現了自己的願望。然而，入侵他國是要受到國際制裁的，希特勒在戰爭初期，為了掩飾自己的意圖，採取了種種陰謀手段……

製造進攻波蘭的口實

▍海德里希派人搗毀反納粹電臺

　　第二次世界大戰是以 1939 年 9 月 1 日納粹德國入侵波蘭開始的,那麼,德國是怎樣找到入侵波蘭的藉口的呢?這裡面牽扯到納粹德國的黨衛隊頭子海德里希。

　　海德里希生於 1904 年,他的父親是一所音樂學校的校長,母親是歌劇院的演員,因此,他從小在音樂方面受到了良好的教育,以致後來當了蓋世太保頭子後,下班回到家裡也經常用彈奏樂器來消除疲勞。

　　1920 年,德國因連年戰爭和經濟大蕭條,到處是一片混亂,十六歲的海德里希不得已出外謀生。他先是加入了一個自由團組織,後來又選擇了當兵。他靠自己聰明過人的頭腦成為海軍訓練學校士官生,畢業後成為一名海軍少尉,兩年後晉升為中尉。這一年他剛剛二十二歲。

　　海德里希從小就對政治懷有濃厚興趣,能作為海軍少尉對他來說,未來的路無疑充滿了希望。然而,兩年後由於一個偶然事件得罪了上司,經海軍有關部門一番審理之後把海德里希踢出了海軍。

　　海德里希在社會上浪跡了一段時間後,經人介紹投奔了希姆萊。希姆萊當時正決定重新組建黨衛隊保安處,與海德里希短暫的談話,使希姆萊十分喜歡這個頭髮金黃的年輕人。於是便把這項任務交給了海德里希,與此同時,還任命

海德里希為衝擊團上校隊長。

　　從此，海德里希平步青雲，官越做越大。黨衛隊的情報機構也是在海德里希的努力下，從無到有，從小到大，最後成為納粹德國最大的情報機構。可以說，沒有希姆萊就沒有海德里希，而沒有海德里希，黨衛隊就不會有後來異常龐大的情報機構。

　　海德里希對黨衛隊保安處的工作很賣力，希姆萊比較滿意。1934 年，希姆萊就把這個投奔到自己門下還不到五年的年輕人，放在了蓋世太保的最高位置上。

　　1934 年，希特勒的助手赫斯代表希特勒宣布，黨衛隊保安處是黨內唯一的情報機構，不容許黨內再有其他機構從事諜報活動，至此，海德里希在納粹黨內的情報機構中的地位更加鞏固了。

　　1936 年，海德里希經過努力，由他擔任處長的黨衛隊保安處如願以償地擴充為保安局，海德里希任黨衛隊保安局局長。在此之前，海德里希領導的黨衛隊保安處和卡納里斯領導的軍事情報局簽訂過協議，保安處的情報機構不插手國外情報事務。

　　海德里希由保安處長升任局長之後便有了更大的野心，他不甘心僅在國內從事情報活動，他要插手國外情報。海德里希第一次直接插手國外情報的事件，是派人搗毀了捷克境

製造進攻波蘭的口實

內的一個反納粹的電臺。

　　設立於捷克首都布拉格近郊的這個電臺名為「黑色電臺」，在當時是眾多反納粹的電臺中影響比較大的一個。對此，希特勒恨得要命，必欲除之而後快。海德里希得悉希特勒的意圖後，早已把他與從前的上級卡納里斯簽訂的協議置之腦後。

　　海德里希透過在捷克的情報人員提供的線索，瞭解到「黑色電臺」的負責人名叫福米斯。他原來是德國一家廣播電臺的技術領導人，後與一個反納粹組織的領導人施特拉塞一起跑到捷克去的。

　　這天，海德里希把保安局局長助理、黨衛隊二級突擊隊中隊長約克斯叫到辦公室，讓他想辦法把遠在捷克的專門與納粹為敵的福米斯弄到柏林來。約克斯受領任務後化裝成一個商人，與自己從事舞蹈事業的女友一同來到布拉格。約克斯的確一名幹練的特務人員，他沒費多大勁便找到了「黑色電臺」的準確地點——一家旅館的某個房間。但是他並沒有馬上行動，而是帶著自己的女友在布拉格玩了個痛快後，才向海德里希匯報已經找到目標。

　　在得到海德里希行動的命令後，約克斯才悄悄地搬進了「黑色電臺」所在的那家旅館，並神不知鬼不覺地偷配了一把「黑色電臺」所在房間的鑰匙。當天夜裡，約克斯按照事

先約好的暗號接來另一個名叫格奇的納粹間諜。約克斯如此這般地向後來的間諜耳語了一番後，兩人隨即開始行動。

他倆躡手躡腳地來到福米斯的房門口，約克斯把配好的鑰匙快速插入鎖孔。他們原以為主人不在，誰知裡邊隨即傳出福米斯的問話聲，約克斯情急之下偽裝成服務員的口氣說：「給您的房間擺肥皂。」

毫無準備的福米斯剛一打開房門，約克斯和格奇便猛地向他撲了過去。

福米斯感覺到大事不好，快速地把手伸進懷裡，想掏出槍來。

然而，約克斯的槍已經響了，福米斯當即倒在了血泊之中。之後，兩個間諜又掏出磷粉灑在電臺和其他物品上，再點上一把火，隨即逃之夭夭。

希特勒得悉搗毀了「黑色電臺」後十分高興，表揚了海德里希一番，這更加堅定了這個「金髮野獸」插手國外情報的決心。

黨衛隊實施「希姆萊作戰計畫」

海德里希領導的黨衛隊保安局自從搗毀「黑色電臺」，得到希特勒的嘉獎後，更是有恃無恐。他們在納粹德國分裂捷克國家的過程中，造成了推波助瀾的作用。

製造進攻波蘭的口實

捷克斯洛伐克的蘇台德地區與德國接壤，這裡居住著近三百萬日耳曼人，由於北部和西部的礦山和波希米亞森林都是極其富饒的土地，因而，德國納粹黨人早就對這塊土地垂涎三尺。

早在第一次世界大戰結束後不久的 1923 年，就有一些充滿泛德意志主義的納粹團體開始在這裡活動了。在蘇台德地區親納粹的團體中，有一個比較大的組織名叫「德意志祖國陣線」，1935 年這個組織又改名為「蘇台德德意志人黨」。因此，納粹德國要在捷克的蘇台德地區煽起民眾的情緒是很有一些基礎的。

作為納粹黨和希特勒的馬前卒，海德里希對希特勒的意圖和蘇台德的現狀瞭如指掌，因此，早在 1936 年年初，海德里希就在希姆萊的授意下透過德國駐布拉格使館給蘇台德德意志人黨這個組織提供經濟等方面的資助，並指導他們組織情報網，進行間諜活動。

1938 年夏天，在海德里希等人的操縱下，蘇台德地區的德國納粹黨人不斷地滲透到蘇台德各地區的組織中去，不但把所有這些組織變成了親納粹的，還把那些組織中的許多人變成了納粹德國的特務。新的德國特務們不遺餘力地為黨衛隊保安局收集情報。為了把大量的情報及時地傳送到德國去，保安局竟然派人在邊境兩端架設了電話線。

　　為了讓希特勒在軍事上入侵捷克找到藉口，海德里希領導的黨衛隊保安局授意蘇台德德意志人黨到處尋釁滋事，叫嚷著要回到德國的懷抱。捷克政府在不得已的情況下，進行了反擊，拘捕了一批鬧事者。

　　然而，捷克的命運早已不是掌握在捷克領導人的手中了。隨著《慕尼黑協定》的簽署，納粹德國入侵捷克已經「合法化」。不久，德國軍隊就開到了捷克的土地上。

　　如果說海德里希領導的間諜們在德國入侵捷克的問題上最初還是站在幕後的話，那麼，在希特勒準備對波蘭發動「白色方案」的計劃時，他們則是直接走上檯面製造事端。這個事端的製造計劃叫做「希姆萊作戰計畫」。

　　為了找一個給入侵波蘭的藉口，希特勒命令希姆萊在德波邊境製造一個事端，希姆萊又把這個任務交給了他的得意門生海德里希。海德里希接到任務後，很快就制訂出一個絕妙的計劃，這個計劃就是「希姆萊作戰計畫」。該計劃是這樣設計的：

　　在德國進攻波蘭的前一天夜裡，情報保安局的部隊穿上波蘭游擊隊員的制服，沿德波兩國邊境製造波蘭入侵德國事件。他們的任務是在幾分鐘以內攻占格萊維茨的德國電臺，並用波蘭話對德國進行攻擊。

　　海德里希意識到，要把這台戲演好，演得更逼真，就得

製造進攻波蘭的口實

動真格的,要製造出真正的流血事件來。海德里希的腦海裡馬上想到了約克斯領導的黨衛隊突擊隊,約克斯領導著保安局的一個特殊的情報部門,在該部門工作的都是一些特殊的技術人員。這些人員主要是為保安處的外國間諜們偽造不同國籍的證件、護照、通行證等。在第二次世界大戰快結束的時候,這個部門還製造假幣。總之是一個專門造假的部門。

於是,海德里希立刻找來黨衛隊突擊隊隊長約克斯,向他交代了任務。這一次約克斯的主要任務是帶上六個精明強幹的黨衛隊員,在規定的時間裡對格萊維茨電臺進行攻擊。

海德里希向約克斯交代完任務後又著重強調,這件事不得與格萊維茨的任何一個德國機關或單位進行聯繫;執行任務的每一個人不得隨身攜帶黨衛隊成員、安全局人員或警察等可看出是德國人的證件。

最後他湊到約克斯的耳邊說:「事後在現場能留下幾具波蘭人的屍體則再好不過了。」

海德里希給約克斯交待完最主要的任務後,又忙著給其他與之相關的一些負責人分配任務。

有的負責置辦行動中所需的波蘭軍服;有的負責把電臺附近一帶駐紮的武裝部隊撤走;有的率領兵卒化裝成波蘭進攻部隊向電臺發起攻擊;還有的充當邊防警察與「敵」激戰;最後一個負責人的任務是把從集中營裡拉來充當波蘭人

屍體的犯人運往將要出現的幾個「戰場」上。

約克斯從海德里希處回來，便在規定的時間內帶著六個黨衛隊員，包括一名懂波蘭語的翻譯乘車悄悄地來到了格萊維茨。他讓隊員分住在兩家旅館，隨後，又帶著隊員偵察了電臺周圍的地形。電臺設在城外塔爾諾維茨公路旁，外面圍著一道兩米高的鐵絲網，電臺四周幾乎沒有警衛人員。

等各路人馬報告說一切準備妥當後，海德里希又把幾個負責人召集在一起，再一次商討具體細節，看看有沒有不妥的地方。一切都天衣無縫後就靜待元首下達命令。

1938 年 8 月 31 日，希特勒向德國武裝部隊發布命令，9 月 1 日 4 時進攻波蘭。海德里希隨即指示他的各路「導演」們做好有關準備工作。

8 月 31 日下午 16 時，海德里希向約克斯下達了作戰命令。約克斯得令後，於下午 19 時帶著那六名黨衛隊員乘車直撲電臺。與此同時，早已停在奧佩恩別墅前的卡車也快速啟動，把裡邊裝著的剛剛弄死的囚犯們運往預定地點。

晚 20 時許，當電臺的工作人員正和往常一樣進行工作的時候，突然發現幾個陌生人殺氣騰騰地走了進來，衝向播音室。他們用手槍指著嚇得不知所措的播音員，高喊著「舉起手來！」還有的朝天花板亂開槍。

約克斯命人把電臺工作人員綁起來，塞進地下室，然後

製造進攻波蘭的口實

讓翻譯掏出早就準備好的波蘭語講話稿對著麥克風進行播音。就這樣，無數正在收聽廣播的德國人聽到了波蘭人的聲音和夾雜其間的槍聲。

這次事件的全過程只有四分鐘。四分鐘之後，約克斯就帶著人馬溜得無影無蹤了。

電臺門外，橫七豎八地躺著幾具血淋淋的穿著波蘭軍制服的屍體。同一天晚上，另外幾個地方的納粹特務也按照海德里希的指令，從波蘭境內向德國邊境進行佯攻。

9月1日，德國的所有報紙、電臺、廣播都無一例外地發了同一條新聞《波蘭暴徒進犯德國》。同一天，德國數十萬軍隊入侵波蘭，拉開了第二次世界大戰的序幕。

▌英國一反常態德軍入侵波蘭

德國策劃的「希姆萊作戰計畫」導致了波蘭的淪陷。

1939年的最初幾個月，是英國政府感到心情相當愉快的一段時間，這是他們很長一段時間所沒有的。他們認為，由於本國的加速再武裝，美國的重整軍備計劃和德國的經濟困難已經使危險日益減輕。

當時的英國政府甚至準備召開一次新的裁軍會議，認為世界即將進入一個「黃金時代」。而這時，德國納粹黨人正在捷克斯洛伐克境內培養獨立運動，促使捷克斯洛伐克國內分裂。

　　3月12日，斯洛伐克人在其領袖狄索神父到柏林謁見希特勒後，就正式宣布獨立。之後，德國軍隊以保護國的身分進駐該國，並占領了這個國家。占領了捷克斯洛伐克，德國繼續東進的目標就是波蘭。波蘭是歷史上占領德國失地面積最大的國家。

　　最初希特勒並不想對波蘭採取行動，因為波蘭也像匈牙利一樣，曾經幫助希特勒威脅捷克的後方，促使捷克不得不向希特勒屈服，而波蘭也乘機獲得了一片捷克的領土。由於英國政府採取了一個意想不到的步驟，才使得希特勒改變了他的意願。

　　德國占領捷克後，英國曾經做出過反應，但是很快就採取了妥協的態度。英國政府曾經保證捷克可以不受侵略的威脅，但德國占領捷克後，英國首相張伯倫卻告訴下院說，他認為斯洛伐克的獨立已經使這個保證失效，所以他覺得英國不再受此種義務的約束。

　　英國沒有理由「改變」自己的政策。但是，在幾天內，張伯倫卻做了一個完全的轉變，這個轉變讓世界吃驚和愕然。英國政府突然決定阻止希特勒的任何進一步行動，並在3月29日主動向波蘭表示願意支援它來對抗「任何威脅波蘭獨立的行動，以及任何波蘭政府認為有抵抗必要的行動」。

　　張伯倫內閣做出如此衝動的決策的因素是什麼？人們無

製造進攻波蘭的口實

法考證，但這種不顧後果的草率決策不但沒有制止住納粹德國侵略的意識，反而促使它加快了擴張的步伐。

　　根據戰後人們得到的一些資料顯示，當時由於英國沒有採取任何措施和步驟來取得蘇聯的支持，也沒有事先徵得波蘭的同意，就突然地宣布要保護波蘭的安全。

　　波蘭的貝克上校曾經說過，他是在兩次彈去菸灰的時間內就決定接受英國的保護的，他解釋說，在他一個月前會晤希特勒時，對希特勒說必須歸還但澤失地時的語氣和態度實在難以承受，所以當英國的建議傳達到他這裡時，他認為這是還擊希特勒的好機會。

　　這時，希特勒已經感到英國人開始反對德國向東擴張，他害怕如果再耽誤就有被阻止的危險，所以加快了其爭取「生存空間」的行動。希特勒感覺到，英國人是頭腦冷靜、具有理智的，他們不會為了波蘭而輕易投入戰爭。同時，蘇聯是應該爭取的對象。所以，希特勒決定暫時忍受對於共產主義的一切仇恨和恐懼，傾其全力來討好蘇聯，使其保持中立。

　　希特勒這一著果然奏效。張伯倫給予蘇聯的冷遇，特別是當希特勒進軍捷克之後，蘇聯再次提出建立聯防同盟建議又受到冷遇之後，史達林對西方自然心存怨恨。英國政府和波蘭政府單獨達成安全保護，不能不加深蘇聯對兩國的疑慮和猜忌。

　　有關人士當時分析說，一直傾向與西方合作以抵抗納粹

德國的蘇聯外長李維諾夫被解職,而接替他的人是寧願和獨裁者打交道的莫洛托夫,這已經向世人發出了警告。西方卻沒有做出相應的積極挽回的措施。

8 月 23 日,德國外長里賓特洛甫飛往莫斯科,接著德蘇兩國就簽訂了互不侵犯條約。這個條約的簽訂,必然增強希特勒發動戰爭的野心,也就很必然地有了「希姆萊作戰計畫」的發表以及對波蘭的占領。

英國前首相邱吉爾在其《第二次世界大戰回憶錄》中,對於英國的投入戰爭有很精闢的評述。他在敘述了英國如何容許德國再武裝和如何容許德國吞併奧地利和捷克,以及如何同時又拒絕蘇聯的聯合行動建議之後,寫道:

> 當所有的一切援助和利益都已經喪失殆盡之後,英國才開始牽著法國一同要保護波蘭的完整。

如果說在 1938 年為捷克而戰,那還是很合理的,當時德國陸軍能用在西線上的精兵可能只有六個師,而法國兵力則有六十七個師,但是當時大家認為這種做法是魯莽的,不合理的,缺乏近代化的思想和道德觀念。

五六年來,我們所採取的都是綏靖政策,現在卻於一夜之間做了一個突然的和完全的轉變,決心在遠比過去惡劣的條件下,接受一次顯然即將爆發的具有一定規模的戰爭,這種做法顯然是難以如願的。

製造進攻波蘭的口實

四十萬大軍逃生揭祕

　　1940 年 5 月，英法聯軍防線在德國機械化部隊快速攻勢下崩潰，四十萬軍隊被圍逼在法國北部的敦克爾克港口。這個港口極易受到轟炸機和炮火的攻擊，如果從這裡撤退，後果不堪設想。不可思議的是，正在這時，德軍卻接到了停止前進的命令。希特勒的這一命令不僅使盟軍的四十餘萬人安全撤離，也使當時和後世的許多人迷惑不解，希特勒為什麼會下達這個命令呢？

▋納粹元首下令裝甲部隊停止前進

敦克爾克是法國的一個港口城市，1940 年 5 月 10 日，就在張伯倫斷言「希特勒已經錯過進攻法國的時機」之後的五個星期，納粹德國就對西歐發動了閃電般的進攻。

德國軍隊在攻占荷蘭、比利時、盧森堡以及進攻法國時，都如履平地，戰火很快就燃燒到當時歐洲陸軍最強大的國家 —— 法國。隨著戰局的日益惡化，盟國軍隊的處境岌岌可危。英國遠征軍和法國第一集團軍除了撤退已經沒有其他辦法。

5 月 24 日，約四十萬名撤退至敦克爾克的盟軍被德軍包圍，三面受敵，一面臨海，處境極為危急。如果德軍坦克部隊向城市挺進，幾十萬士兵的身家性命必將不保，那將導致一個非常嚴重的後果。

正在這個關鍵時刻，德國元首希特勒突然下令裝甲部隊停止前進，這為盟軍提供了一個千載難逢的喘息機會。於是，盟軍在 5 月 26 日開始實施了「發電機行動」。為此，英國調集了一千多艘艦船，開始了史無前例的大撤退。

事實上，早在 5 月 19 日，英國就預見到失敗已成定局，戰時內閣指示海軍部制訂組織遠征軍撤退的計劃，代號「發電機行動」。該行動由多佛軍港司令海軍中將拉姆齊全權指揮，計劃從法國沿岸的加萊、土倫和敦克爾克三個港口，每

天撤退一萬人，並集中了三十艘渡船、十二艘掃雷艦。拉姆齊同時建議加強空中掩護力量，但英國空軍戰鬥機司令部司令表示，只有在滿足保衛本土的前提下，才能派出戰鬥機前往敦克爾克。

5月25日，英國遠征軍最高指揮官戈特勛爵向戰時內閣發出了一封措詞強硬的電報：

> 如果不想使英國遠征軍全軍覆沒，現在唯一要做的事就是利用還在我們手中的敦克爾克港，將遠征軍撤離法國。

次日晚，英國海軍部下令開始執行「發電機行動」，此時形勢比制訂計劃時更險惡，原準備使用的法國三個港口只有敦克爾克可以利用，並且空中掩護、地面運輸等多種設施均很薄弱。因此，憑藉現有力量，在短時間內營救出四十萬大軍猶如天方夜譚。英國海軍中將拉姆齊組成了一個精幹的指揮團隊，總共只有十六人，來組織這場有史以來最複雜、最危險的海上撤退。

四十萬英法聯軍唯一的生路，就是敦克爾克及其附近四十公里海岸線。敦克爾克自九世紀以來一直是法國北部重要港口，1939年以吞吐量計為法國第三大港，擁有七個供大型船隻停泊的深水泊位，四個船塢以及長八公里的碼頭。

完善的防波堤和凸式碼頭可以有效抵禦英吉利海峽的狂

風大浪，如果這些港口設施能夠充分利用，四十萬英法聯軍完全可以在短短幾天之內攜帶全部裝備安全登船。但兩個星期以來，該地區一直遭到德軍猛烈轟炸，四個船塢全部被毀，八公里長的碼頭被炸成一片廢墟。

唯一還可以供船隻停泊的只有一條不足一千二百米長的東堤，而且還是由木椿木板搭起來的，非常簡易，寬度最多只能八個人同時並排通行。只有在靠海一面有個混凝土的柱子，設有燈塔，堤岸周圍有一些木椿，緊急時也能停靠船隻，但是水流較急，船隻停靠時有一定危險。

在撤退中，盟軍遭到了德國空軍的猛烈攻擊，雖然損失慘重，但在「發電機行動」中還是撤出了三十三萬八千人，這為後來的盟軍大反攻奠定了基礎。

敦克爾克的大撤退，是世界戰爭史上空前絕後的壯舉，也是第二次世界大戰中可歌可泣的一頁。那麼，是什麼原因致使英、法、比多國聯軍落到如此地步的呢？

▋英法聯軍宣而不戰敗退敦克爾克

納粹德國在閃擊波蘭後，其策略意圖已十分明顯，英法兩國也心知肚明，那麼，又為什麼會造成德軍對西歐的進攻一路勢如破竹，並最終導致兩國聯軍四十萬人兵困敦克爾克的呢？

其實，從 1939 年 9 月德國攻擊並占領波蘭起，至次年春季希特勒在西線發動攻勢之時的這一段時間，英國、法國都已經向德國宣戰，但兩國都處於宣而不戰的狀態。這期間實際上是聯軍最好的準備階段，但是，卻被白白浪費了。

一般人對於此種外表沉寂的狀態所作的解釋是各不相同的。有人認為英法兩國對於戰爭的意圖並不是那麼認真，儘管他們已經為波蘭而宣戰，但卻仍然等候和平談判的機會；另一種流行的解釋是英法兩國自有他們的小算盤，美國報紙上有許多的報導說，英法聯軍最高統帥部故意採取一種微妙的守勢策略計劃，並已為德國人準備好了一個陷阱。但實際上，以上兩種解釋都是毫無根據的。

在秋冬兩季，兩國和最高統帥部花了好多時間去考慮德國或德國兩翼的攻勢計劃，而不是集中全部力量以求對希特勒的未來攻勢做任何有效的防禦準備。

有關資料顯示，當年這些國家的領袖們正在構想用各種不同的計劃進攻德國 —— 取道挪威、瑞典、芬蘭以進攻德國的側後方；透過比利時以進攻魯爾地區；假道希臘和巴爾幹以打擊遙遠的德國東面側翼；進攻蘇聯在高加索的大油田，以切斷該國對德國的石油補給來源……

由此可見，這些國家的領袖們仍然對德國抱有幻想，直至希特勒的炮火打到他們的頭上，他們才如夢方醒。

四十萬大軍逃生揭祕

　　由於高層領導對戰爭的到來準備不足，導致整個法國對敵工作的不力。當波蘭戰役將要結束時，希特勒就已經開始考慮在西線發動攻勢的問題了。他在給德國陸軍司令的命令中說明了他的想法，解釋了為什麼在西線發動進攻是德國唯一可能實現策略意圖的理由。

　　希特勒認為，與英法兩國長期的戰爭將會耗盡德國的資源，並使其暴露在蘇聯的背面打擊之下。他害怕蘇聯不能堅持中立，而失去對德國最為有利的時間。

　　他的畏懼心理促使他要提早發動攻勢，以強迫法國求和。他在對法國的分析中，認為即使法國人厭戰，但英國的戰鬥力量的發展會給法國帶來一個新的戰鬥要素，在心理和物質兩方面都有巨大的價值，足可以增強法國的防禦。

　　同時，希特勒也認為，一旦輕鬆戰勝波蘭所產生的興奮作用消失之後，德國人的戰鬥意志也會削弱。因此他的結論是：只要條件勉強可能，則應該對西方國家發動秋季攻勢。

　　實際上，因為意外而拖延了七個月才爆發戰爭的期間，法國人的士氣變得比德國人還低落。更壞的是在德國有幾個集團都想推翻希特勒並與西方國家和謀，同時他們希望英法方面所構想的和平條件能事先獲得保證，但是英國政府對於這些祕密探試很少給予鼓勵。

　　1940 年 1 月 10 日，德軍總參謀部一名攜帶德軍準備攻擊

西方國家祕密計劃的軍官因座機迷航而在比利時迫降，該計劃落入英法手中。在意外獲得德國準備在西線發動進攻的文件後，英法的軍事顧問卻把它看作是德國的故意安排，是用來欺騙他們的拙劣伎倆。

令人想不通的是，即使這時德國使用欺騙伎倆，那麼大敵當前，英法聯軍的統帥部也要對自己原來的計劃加以修改，因為德國統帥部必定會對其攻擊重點做出某種改變。

但是聯軍統帥部對於自己的計劃既不作任何的修改，也不採取任何預防措施。最後，德國改變了進攻計劃，突然出現在法國一直認為的天然屏障、德國的機械化部隊難以踰越的亞爾丁地區，給了英法聯軍毀滅性的打擊，最終導致了敦克爾克大撤退。

多種可能致使四十萬人絕處逢生

令人不解的是，正當幾十萬的英法軍隊被圍困在敦克爾克這個地域狹小的港口中。德軍的坦克部隊剛要衝入敦克爾克實施掃蕩的時候，希特勒卻命令他的軍隊停止了攻擊。結果，讓英國軍隊在這唯一的退路上撤出了二十二萬四千人，法國撤出了十一萬四千人。用英國人的話說，這是「敦克爾克奇蹟」。正是這些從德國手中逃出的軍隊才使得其有實力繼續作戰，並保留著足夠的人力來防守海岸和應付侵略的威脅。

四十萬大軍逃生揭祕

　　那麼是什麼原因使得希特勒發出這個決定命運的命令呢？他為什麼要這樣做呢？這令人十分費解。史學家在對此事進行長期的研究探索中，已經發現了足夠的證據。他們不僅能夠把前後的經過編成一條完整的鏈條，而且對於導致這個最後決定的一連串理由也找到了恰當的解釋。英國著名的軍事思想家李德‧哈特在《第二次世界大戰史》一書中，針對這個問題做了如下剖析：

　　　　從大量的歷史資料來看，這個「奇蹟」的發生跟希特勒的複雜的性格有一定的關係，同時也是受到其他人物思想活動的影響。

　　1940 年 5 月 24 日上午，希特勒在視察中會見了一個關鍵性的人物 —— 倫德施泰特。倫德施泰特是一位謹慎的策略家，他對於一切不利的因素都總是很小心地絕不放過，並且一向都是避免在樂觀的時候犯錯誤。正是這個原因，希特勒把他看做是很好的幫手，他可以向希特勒提供冷靜的平衡的判斷，而這正是希特勒所缺乏的。倫德施泰特在匯報情況時，特別提出由於長時間和迅速的行動，坦克的實力已經減弱，並且指出從南北兩面都有受到攻擊的可能，尤其是南面。

　　希特勒對於倫德施泰特的慎重態度表示「完全同意」，並也強調保存裝甲部隊以供未來作戰之用是很重要的。下午他回到自己的統帥部後，就立即召見陸軍總司令哈爾德，命

令其暫停進攻。

哈爾德在他的日記中傷感地寫道：

> 由裝甲和摩托化部隊所組成的右翼，在其前面已無敵人，現在已經在元首的直接命令下停止不前，至於解決被圍敵人的任務則準備留交給空軍去完成！

有人可能會認為希特勒的暫停命令是受到倫德施泰特的影響，其實不然。假使希特勒已經感覺到他的這個命令是受到倫德施泰特的影響，那麼在英國軍隊逃走之後，為了替自己所作的決定找藉口，他必然會提到這一點。但是他卻在事後的解釋中從未提到倫德施泰特的意見是其中因素之一。這種反面的證據很重要。

也有人認為，很可能當希特勒前往倫德施泰特總部之前，他的內心裡就有了這種打算。其目的是想替他自己的想法尋找進一步的合理解釋，以便作為強迫哈爾德等人改變計劃的根據。

如果在這之前還受過其他人的影響，那他們就是凱特爾和約德爾，他們是希特勒大本營中的主要軍事首腦。當時瓦里蒙特聽到停止攻擊命令的傳聞，就向約德爾詢問原因，約德爾向其證實了命令的真實性，事後瓦里蒙特在自己的記載中提到了這件事情：

四十萬大軍逃生揭祕

　　約德爾強調希特勒、凱特爾和他本人於第一次世界大戰時作戰的經驗證明，裝甲部隊是不能在沼澤地中使用的，那樣是要受到重大損失的。

　　因為各裝甲部隊的實力已相對減弱，而且即將發動的第二階段對法國的攻勢中，他們還有其他重要的任務。

　　除了上述幾種情況以外，還有一點就是德國空軍司令戈林對希特勒的影響。

　　瓦里蒙特在記載中說：

　　　　不過在當時，我發現另外一個有關暫停命令的原因 —— 即戈林此時出現了，並向元首保證他的空軍可以從天空封鎖海邊的退路，以完成合圍的任務。他毫無疑問地把自己軍種的威力估計得過高了。

　　憑藉戈林在納粹黨內不可動搖的地位，最終使得圍剿敦克爾克的任務落在了空軍的手裡。

　　後來，曾經強烈反對過這個命令的古德里安特別指出：「我想促使希特勒做出這個決定的主要因素之一即為戈林的虛榮心。」有證據顯示，後來德國空軍在使用上也沒有發揮全部的力量。一些德國空軍將領說，希特勒在這一方面如同制止地面部隊一樣加以限制。

　　因此，有高層懷疑在希特勒的軍事理由的背後是否還有政治動機的存在。時任倫德施泰特總部作戰處長的布魯特對

希特勒在訪問集團軍總部時的談話做了記錄，他認為這個講話也許能窺視希特勒的思想脈絡：

希特勒的精神非常好，他承認這次戰役的過程的確是一個奇蹟，並告訴我們他相信戰爭在六個月內就可以結束。此後他就想和法國簽訂一項合理的合約，於是和英國達成協議的途徑也就暢通無阻了。

他說到對大英帝國的讚賞，其存在的必要，以及英國人對世界文明的貢獻。這一席話真是讓我們大感驚異。他聳一聳肩說，這個帝國在創立時所使用的手段固然並不太光明，但卻也是時勢所迫，無可奈何的。

他把大英帝國和天主教會相比較，並說兩者對於世界的安定都是必要的因素，他又說他對於英國要求的不多，僅是它應該承認德國在歐洲大陸上的地位而已；德國舊殖民地的歸還是固所願也，但卻非必要，他甚至表示如果英國在任何其他地區遭遇困難時，他還願意提供武力的支援。

他指出殖民地只不過是一個威望的問題，因為它們在戰爭中是無法守住的，而且也很少有德國人願意到熱帶去生活。

他的結論是，他的目的是想站在英國人認為可以接受的立場上，來與英國謀求和平。

布魯特在其後的回憶中時常提到這一次談話：

四十萬大軍逃生揭祕

　　他感到希特勒之所以突然做出停止攻擊的命令，是其政治計劃中的一部分，其目的是為了想使和平可以比較容易達成。假如英國遠征軍在敦克爾克全部被殲，那麼英國人就會認為他們的光榮受了一次嚴重的侮辱，就會拚命地雪恥了。讓他們逃跑也許是希特勒想要安撫英國人的一種手段。

　　希特勒在《我的奮鬥》一書中對英國的態度是一種又愛又恨的複雜感情。希特勒的個性是很複雜的，所以沒有一個單獨的解釋是完全正確的。

　　史學家經過長期的研究，分析當時希特勒做出這個決定的理由，由以下幾個方面組成：

　　一是他想保全坦克的實力以供下一場戰鬥之用；二是他對敦克爾克地區的沼澤心有餘悸，因為第一次世界大戰時有過這樣的教訓；三是戈林對於空軍的威力做了過高的估計和過分誇大；四是他的內心深處還有某種政治理由，但它和軍事線索交織在了一起，而不易被發現。

　　以上種種原因，導致了英法聯軍幾十萬人的絕處逢生。

「珍珠港事件」始末

　　1941 年 12 月 7 日清晨，日本海軍的航空母艦艦載飛機和微型潛艇突然襲擊美國海軍太平洋艦隊在夏威夷基地珍珠港，經過兩個多小時的襲擊，摧毀美國飛機一百八十八架，死傷近四千人。美太平洋艦隊遭到重創，此舉引發美國對日宣戰。珍珠港離日本本土遠隔三千兩百海里，當時美軍又保持中立，日本為什麼要長途奔襲，惹火燒身呢？

▍山本五十六製造珍珠港慘劇

1941 年 12 月 7 日，夏威夷瓦胡島。

早上七時三十分，初升的朝陽刺破霧氣，照在珍珠港錨地那兩排巍峨的戰艦，以及三三兩兩的巡洋艦、成排的驅逐艦和各式輔助艦船上。戰艦上和岸上都沒有多少人在活動，只有幾艘交通艇或吐著白煙的小拖船，偶爾會劃過鏡面般的綠色海水，好一派靜謐祥和的週日景象。

但忽然之間，從海上飛來了大批塗著橘紅色膏藥的機群，向港口中的戰艦投下了魚雷和炸彈，寧靜的港口瞬間成了充滿水柱和硝煙、烈焰與死亡的煉獄，到處都是東倒西歪、扭曲破裂的艦體，以及在海面厚厚的浮油中竭力掙扎的水兵。

與此同時，珍珠港周邊的各海軍及陸軍機場也遭到了日機的轟炸，一批批排列整齊、型號各異的戰鬥機和轟炸機在日機的投彈和掃射下化為火海。

美國人在這突如其來的襲擊面前完全懵了，只有廣播和無線電在一遍遍地拚命發送同一個慘痛的消息：

珍珠港遭空襲 —— 並非演習！

珍珠港位於瓦胡島南部科勞山脈和懷特奈山脈之間的最低處，因盛產有珍珠的牡蠣而得名，它是美國在太平洋上重要的海軍基地。珍珠港是一個天然的良港，整個海灣形同伸

向內陸的雞爪，只有透過三百三十公尺寬的狹窄水道與太平洋相通。港區內水域面積大約二十五平方公里，平均水深十二米，港灣內的懷皮奧半島、珍珠城中島和福特島將珍珠港分為四個小港灣，可同時停泊各種艦艇五百多艘。

美國於 1900 年開始在珍珠港基地進行建設，陸續建成了設備齊全的大型造船廠、船塢、碼頭、油庫等設施。1919 年和 1922 年相繼建立了潛水艇基地和航空基地。1933 年起，為了遏制日本的擴張，美國進一步加大基地建設，使該港成為美國在太平洋上重要的海軍基地和後勤保障基地。1940 年後，美國太平洋艦隊便常駐珍珠港，成為在太平洋上的重要的威懾力量，極大地牽制和威脅著日本在太平洋上稱霸的企圖。珍珠港也就成為日本軍隊南進的一個阻礙，日軍也把珍珠港視為眼中釘、肉中刺。

為了拔掉這個釘子，1941 年，日本海軍聯合艦隊總司令山本五十六擬訂了偷襲珍珠港的計劃，得到批准後於 12 月 7 日實施了突襲。

這次襲擊給美國在港內的艦隻以毀滅性的打擊。日軍僅以損失飛機二十九架、潛艇一艘和特種潛艇五艘的微小代價，擊毀、擊傷了美國太平洋艦隊停泊在港內的全部八艘戰艦和十餘艘其他艦隻，擊毀美軍飛機一百八十八架。美軍傷亡慘重，總計亡二四零二人，一二八二人受傷。美國太平洋艦隊元氣大傷，艦隊的戰鬥力下降了百分之八十到九十，超

「珍珠港事件」始末

過了美國海軍在第一次世界大戰中所受損失的總和。

日本偷襲珍珠港成功後,占據了太平洋上的制海權,為進攻菲律賓和馬來亞等西方殖民地國家,占有那裡的資源創造了有利的條件。

那麼,面對強大的美國,日本是如何萌動了在「太歲頭上動土」的念頭的呢?原來,日本想要把東南亞這些西方國家固有的殖民地竊為己有,最大的威脅就是美國。

由於日本對外擴張的速度不斷加快,與美國的矛盾也在不斷地激化。當美國宣布中止與日本的貿易往來,並對日本實行石油禁運後,為了獲得荷屬東印度年產量達八百萬噸石油的油田,南洋占世界年產量辦分支其十八的橡膠和占世界產量百分之六十七的錫礦,以及鐵、鋁等金屬礦資源,還有稻米等糧食資源,日本不得不背水一戰。

日本海軍聯合艦隊總司令山本五十六原是反對日本與美國開戰的,他心裡明白,與強大的美國開戰,即使透過偷襲的方式能夠在短時間內取得暫時性的優勢,但如果戰事超過一年到一年半,美國就會以自身強大的資源優勢扭轉戰爭的局面。但是,在日本大本營根據德、義、日三國訂立的同盟條約確立了對英美開戰的策略方針後,山本五十六一改過去反戰初衷,竭盡全力策劃了對美國的作戰計劃。山本五十六計劃以偷襲的方式力求在開戰初期殲滅美軍太平洋艦隊,確

立日本軍事上的優勢，隨後不斷組織有效進攻，不斷打擊和削弱美國的軍事實力，不給美軍積蓄力量的機會，從而贏得戰爭的勝利。

1941 年 1 月，山本五十六正式向日本海軍大臣提交了突襲美國珍珠港的《戰備意見書》。

《戰備意見書》稱：

要想盡快解決資源上的瓶頸問題，實現南進計劃，就不可避免地要與美國發生衝突。

一旦開戰，美國軍隊在太平洋的艦隊就會立刻從珍珠港出發，從側翼對日軍進行牽制，這樣，日軍南洋艦隊就必定要掉頭迎戰。

因此，日本應該迅速將後顧之憂去掉，先拔掉「珍珠港這顆美國鯊魚的牙齒」。

一旦摧毀了美國太平洋艦隊主力，日本就可以在美國恢復元氣之前，從容不迫地占領太平洋和印度洋上所有的重要據點，獲取那裡豐富的資源。取得優勢後，迫使美國訂立城下之盟。

《戰備意見書》中對這次突襲的可能性做了這樣的評估，即只要美軍艦隊確實在港內停泊，並且日本軍艦在航行途中不被發現，就能取得成功。

山本對自己的計劃充滿了自信，所以計劃提交大本營

「珍珠港事件」始末

後，他就開始著手準備突襲的工作。令山本五十六沒想到的是，日本大本營卻否決了他的計劃。

日本上層普遍認為這樣的計劃太具冒險性，如果在攻擊前被美軍發現，就會有不可想像的災難；而且一旦聯合艦隊的主力用於突襲珍珠港，那麼勢必造成對南方戰線的牽制。聯合艦隊中也有不少軍官對這個計劃持反對意見，承擔作戰指揮的第一航空艦隊司令南雲中將和第十一航空艦隊參謀長大西少將都表示不敢苟同。

山本五十六為了實現這個計劃，極力做高層人士的遊說。他不僅說服了前來陳述反對意見的南雲和大西兩位將軍的參謀長，還將此計劃交給了日本天皇的弟弟，希望他能說動天皇。

果然，日本天皇在很短的時間內就批准了山本五十六的偷襲計劃。大本營見天皇已經「恩準」，知道已經回天乏力，只好在 1941 年 10 月 10 日批准了這個計劃。

值得一提的是，人們在提到珍珠港事件時，都會指責日本的不宣而戰，其實，當時日本內閣在批准這個偷襲的計劃時，在時間上做了精心的安排，可以說玩了一個小花招。他們的原意是想盡量不超出合法的限度外，來實現偷襲帶來的利益。

他們玩的花招是這樣的：

　　他們準備給予美國在 11 月 26 日提出要求的答覆，預定在 12 月 6 日夜間送達日本駐美國大使手中，並指定他在第二天的十三時正式交給美國政府，這時的夏威夷時間是上午的七時三十分時，這樣，日本就只給美國政府半個小時的時間去通知其在夏威夷和其他地區的軍事指揮官說日本已經向美國宣戰。

　這樣日本就有理由說偷襲並沒有違反國際公約。然而，由於日本給美國政府的覆電內容太長，日本大使館在翻譯時發生了延誤，結果直至華盛頓時間十四時二十分，日本大使才將那份回覆送交美國政府，而這時珍珠港已是一幅慘不忍睹的景象。

　在日本飛機轟炸珍珠港的前四十五分鐘，一艘美軍拖船上的美國士兵就發現了尾隨其後的日軍微型潛艇的潛望鏡，並向在海上巡弋的美國「沃德號」驅逐艦報告了這一消息，「沃德號」隨後擊沉了這艘日本潛艇。

　日本潛艇的任務就是進入珍珠港並配合隨後到來的戰鬥機攻擊美軍艦艇，但令人遺憾的是，雖然美軍士兵發現並報告了這一事件，可這樣重要的訊息卻沒能傳遞到美軍的高層。美軍的這一失誤，使他們付出了巨大的代價。

「珍珠港事件」始末

美國高層輕敵導致飛來橫禍

珍珠港事件對美國人來說無疑是一場噩夢。據後來研究珍珠港事件的人員分析，造成珍珠港事件噩夢成真的原因，除了日本軍國主義擴張的主要原因外，美軍內部高層輕敵和指揮失當也是重要的原因之一。

據有關資料顯示，當時太平洋艦隊的司令金梅爾上將和參謀長史密斯上校事先已經得到過要防備日軍發動戰爭的警告，但是他們都未能認真地加以對待。他們始終認為，日本是不會對強大的美國發動進攻的，日本是不會也不敢挑戰美軍的。即使為了結盟國的因素，日本也只會派出一至兩艘航空母艦前來騷擾一下。

由於輕敵，太平洋艦隊基地的防空系統配置十分不嚴密，在戰事如此緊張的狀態下，竟然沒有二十四小時的警戒。當日軍的飛機已經空襲了五分鐘以後，防空炮火才打響。甚至有的高炮分隊直至要對日機射擊，卻無法打響，打開炮栓一看，裡面竟沒有填砲彈。由此可見，美軍內部敵情觀念的淡薄是何等嚴重。

因為在 1941 年 12 月 6 日有通報說，第二天美軍的 B-17 轟炸機要抵達珍珠港加油和檢修，然後飛往菲律賓，這樣一個通報就使得美軍當日在雷達上發現可疑飛行物時，竟然毫無根據、不假思索地就判斷為是美國 B-17 轟炸機。結果山本

的偵察機毫無阻攔地在珍珠港進行了偵察。美軍這樣輕率的判斷，使太平洋艦隊喪失了寶貴的預警和戰鬥準備的時間。

艦隊司令金梅爾是一位精明、幹練的海軍軍官，然而，在對日戰備方面，他卻犯了輕敵這樣不可彌補的錯誤。

1941 年 12 月 6 日，金梅爾曾參加了艦隊司令部關於要不要疏散停泊在港內的艦艇的參謀會議。會上金梅爾沒有做出任何決定，他認為三個航空母艦特遣隊都已經離開珍珠港，如果將現在的在泊艦疏散到海上，它們將不會得到艦載機的空中掩護，缺乏空中掩護的艦隻在公海上必將更容易受到敵人的襲擊。

表面上看，金梅爾的想法似乎並沒有什麼可質疑的，但是稍作一些分析就可以看出，這個想法是主觀和片面的。因為，艦艇集中停泊在基地港之內，勢必成集結之勢，這樣不僅目標大，各艦都配有一定數量的彈藥和燃料，在遭到敵人的襲擊時，一艘艦艇被擊中起火，就會殃及周圍其他艦隻的安全。如果敵人集中火力封鎖或堵塞進出航道，那麼美軍艦艇連一艘也別想逃脫厄運。

金梅爾曾經得到過日軍準備發動進攻的報告，既然已經知道戰爭迫在眉睫，並且也預計了日軍可能採用空中偷襲的辦法，那麼就應該首先考慮到把港內停泊的艦艇進行分散，這是一個十分簡單的軍事常識問題。顯然，金梅爾過高地估

「珍珠港事件」始末

計了美國在日本人心中的威懾力。

　　另外，既然已經考慮到了艦隻在空中掩護的問題，那麼，就應該聯想到基地地面防空和空中攔截的態勢和準備程度。這是一個大事，事關基地存亡的事情，作為基地海軍艦隊司令，金梅爾有不可推卸的責任。

　　珍珠港遭受襲擊的原因，除了美國人的輕敵之外，還有一重大因素就是臨陣指揮失當。當時美國軍隊中除了高炮、截擊機外，還有另外一種非常有效的防空武器——氫氣球。這種武器當時已經運抵珍珠港，但是沒有任何軍官想到應該盡快把它分發並放起來。

　　同時，惠勒機場是美軍的攔截機機場，基地指揮官威廉‧弗雷德預先已經採取了防護措施，修建了一百多個飛機掩體，可是夏威夷陸軍駐軍司令肖特中將害怕掩體中的飛機會遭到日本特務的破壞，於 12 月 6 日下達命令把所有戰機全部整齊地擺放在掩體外，派重兵加以警戒。這個命令葬送了該機場上的 P-40 和 P-36 型攔截機。

　　日軍戰機兩個波次的攻擊結束後，美軍太平洋艦隊司令部仍然沒有搞清楚日本的飛機是來自南方還是來自北方。金梅爾開始認定日機來自北方，下令美軍戰機向北搜尋偵察，但是從被擊落的日本飛機上找到的航圖標示來看，日軍是來自南邊。

於是，金梅爾又下令「企業號」航空母艦特遣艦隊向瓦胡島南部海域巡視。他不知道，日本飛機上的航標圖全部做了手腳，為了怕洩密，所有的航標圖中的標示全部是錯位的，就是說它們把南北位置進行了掉換。

如果當時金梅爾稍微冷靜一點，一邊派航空母艦作南巡，一邊派飛機到北邊偵察。那麼，南雲率領的機動隊就會被發現、被攻擊，戰爭的局勢也許將會改變。金梅爾的失誤使得南雲躲過了一場災難，也幫了日本人一個大忙。

美軍縱容致使日本為所欲為

除了美國人在對日作戰上有一種輕敵和僥倖心理外，盟國希望美國盡快參戰的心理也是使噩夢成真的又一個因素。

據數十年後解密的文件看，珍珠港事件的前一天，即1941 年 12 月 6 日，從馬來西亞哥達巴魯機場起飛的一架澳洲偵察機發現了日本登陸艦隊，立即報告給了上級，並要求加派其他飛機來接替跟蹤。但是，盟軍駐遠東空軍司令、英國空軍上將布魯克卻命令取消跟蹤。駐澳洲的美軍代表史密斯上校立刻要求通知美國，但澳洲戰時內閣拖延十二小時後才批准史密斯的要求。這份報告實際上直至十七個小時後才經夏威夷轉到華盛頓，早已經失去了價值。

1941 年 12 月 7 日的晚上，美國總統羅斯福召開內閣緊

「珍珠港事件」始末

急會議,商討對策。第二天中午,羅斯福前往美國國會,進行演講。這一次,羅斯福總統做出了一個異乎尋常的舉動,他沒有像往常一樣坐輪椅,而是由他的長子扶著走進國會大廳,並向美國參、眾兩院發表了六分鐘的講演。

羅斯福開門見山地說:

> 昨天,1941 年 12 月 7 日,美國遭到了蓄意的猛烈攻擊,這個日子將永遠是我們的國恥日!
>
> 美利堅合眾國受到了日本海、空軍部隊的蓄意進攻。我要求國會宣布,自 1941 年 12 月 7 日,星期日,日本無端和蓄意地發動進攻開始,合眾國與日本之間就已經存在著戰爭狀態。

聽完羅斯福飽含著悲痛和憤的演講,美國參眾兩院一致透過了羅斯福對日宣戰的要求。當天下午,美國政府對日宣戰。

同一時刻,英國首相邱吉爾正在度週末,他從隨身攜帶的小收音機中聽到了日本偷襲珍珠港的事件,當時甚感驚訝。他立刻與羅斯福總統通了電話,這一消息得到證實。

邱吉爾為了使美國加入戰爭,共同抗擊侵略,可以說費了九牛二虎之力。在不列顛之戰中,邱吉爾為爭取獲得美國的幫助做了大量的遊說工作,他以政治家的深邃遠見和外交家的巧妙手腕,透過多方面堅持和不懈努力,終於讓羅斯福

說服了美國國會，透過了被稱為轉折點的《租借法案》。《租借法案》的通過對支援盟國抗擊德國法西斯的戰爭造成了巨大的作用。

當然，邱吉爾想做的遠不止這些，他一直把促成美國參戰作為自己外交活動的首要目標。這次，他來到紐芬蘭的美軍基地，在此與美國總統羅斯福進行了又一次磋商。上一次因為兩人各自忙於國內事務致使會晤拖延了下來。

由於邱吉爾與羅斯福在第一次世界大戰時期就曾謀面，第二次世界大戰開始前，邱吉爾與已經成為總統的羅斯福仍然保持著書信的往來。因此，在第二次世界大戰開始後，兩位都已經成為國家領導人的老朋友自然有許多默契。

兩位領導人就德國人入侵西班牙和葡萄牙，以及由於蘇德戰爭減輕了蘇聯對日本的壓力，從而使得日本除了在中國，還想在其他方向上進行軍事行動的威脅已經加大等問題進行了討論。

邱吉爾滿心期望能與羅斯福一起制訂抵抗日本進一步侵略的政策，但因為美國國會中的中立主義勢力仍然強大，羅斯福無法也不能做出什麼具體的承諾。雙方只是在討論和修改了以前草擬的五項聯合宣言基礎上，共同發表了一份被稱做《大西洋憲章》的八項原則聲明。

因為這個憲章只是道義上的，而不是法律的約束。於是

「珍珠港事件」始末

在邱吉爾的敦促下，兩國政府還是共同起草了《致日本政府的信件》，對可能在太平洋上進一步進行侵略的日本提出了警告。邱吉爾相信，由美國、英國、蘇聯以及荷蘭等國參加發布的宣言，是會對日本造成遏止作用。

美英兩國的這次會晤，其象徵意義大於實質性意義。它只是向德義日三個軸心國顯示了英美兩國之間的政治團結和軍事合作的意向和姿態，但並沒有達成邱吉爾想促成美國參戰的目的。

但是，邱吉爾沒有想到，內心對參戰持積極態度的羅斯福也沒有想到，美國國會中持中立主義態度的勢力更沒有想到，這次會晤僅僅三個月後，無情的現實就把美國捲入了戰爭。

本來，邱吉爾和美國人都認為，日本人是不會把美國變成直接敵人的，但是正如美國著名的學者伍德指出的那樣：

那些在美國和不列顛掌握大權的人，在估計上犯了兩個根本的錯誤。他們大大低估了日本人的軍事實力和勇敢精神，同時又大大高估了日本人的政治精明。

日本偷襲珍珠港，納粹德國頭子希特勒聽到這個消息後大為惱火，簡直是暴跳如雷，把在場的人都嚇得驚慌失措。希特勒認為，德國征服歐洲，摧毀蘇聯，最後制服英國的目的是可以達到的，但這需要一個條件，就是美國不介入。因為他始終沒有忘記第一次世界大戰中，由於美國的干涉，對

戰爭結局的影響和造成的決定性作用。

因此，他曾向德國海軍將領下達嚴格的命令：任何德國的潛水艇不準在大西洋攻擊美國船隊，盡可能地不給美國人以參戰的藉口。由於日本的行動，致使美國人義無反顧地參加到戰爭的行列中來，希特勒的一廂情願化為泡影。

▌蘇聯插手使事件提前發生

珍珠港事件已經過去數十年，但人們仍然在思考當年的這場戰爭悲劇，人們也總是想起那個神祕的話題：美國總統羅斯福是否事先知道日本要空襲珍珠港？

如果美軍這些歷史疑問的答案尚未浮出海面，那麼，美國《洞察》雜誌刊出的一篇文章無疑是向珍珠港事件扔出的一枚重磅炸彈：當時蘇聯擔心日本從東線對蘇發動進攻，使蘇聯陷入東西兩線作戰的困境，於是啟用早已安插好的龐大間諜網，操縱美國和日本提前對戰，珍珠港事件因此爆發。

美國著名的情報專家赫伯特‧羅梅斯汀推出一本新著《維諾納的祕密》，披露了自己研究的最新成果：

> 為了掌握日本的軍事動向，蘇聯在日本培植了一個龐大的間諜網，確保蘇聯不受到日本的進攻；相反，如果日本主動向美國發動進攻，則是蘇聯求之不得的事。

「珍珠港事件」始末

　　這本書是羅梅斯汀與美國國會前調查員、資深記者艾瑞克‧布倫迪爾合著的。他們的結論極具爆炸性：蘇聯甚至在美國政府內部安插了一名高級特務，正是這名特務為日本空襲珍珠港做好了鋪墊工作。

　　亨利‧迪克斯特‧懷特是美國「新政」經濟學家、羅斯福總統最信任的經濟顧問之一，後來被證明是蘇聯間諜。最新的證據顯示，懷特從蘇聯高層那裡得到指令，向羅斯福提出了大量針對日本的政策性建議，這才是美國與日本開戰的關鍵因素。

　　對於懷特的間諜身分，美國情報部門直至後來才有所察覺。

　　1946 年，聯邦調查局局長胡佛便向當時的總統杜魯門寫信，聲稱懷特是一名不可小視的蘇聯間諜。兩年後，美國眾院也就懷特是不是間諜的問題舉行過聽證會，但懷特的間諜身分直至 1990 年代中期才總算有了最後結論。

　　美國情報部門有一個隱祕的「維諾納工程」，專門負責截獲、破譯外國政策的重要電文。1990 年代中期，美國解密了一批文件，其中包括截獲的蘇聯政府的大量祕密電文。包括羅梅斯汀在內的歷史學家驚訝地發現，懷特的名字多次出現在這些祕密電文中。

　　經過對「維諾納密件」的研究，學者都認為，透過這些

文件，可以很清楚地看清懷特的間諜身分。美國國會研究二十世紀政治歷史的專家約翰指出：「我們有足夠的證據證明懷特一直在與蘇聯情報部門合作。」羅梅斯汀也指出，「維諾納密件」證明，蘇聯同意為懷特上私立學校的女兒支付學費，並給懷特一家送過其他貴重禮物。

就在「維諾納密件」解密的同時，美國一位前情報官又驚爆新內幕：懷特敦促美國政府對日本採取強硬政策，實際上是蘇聯一個祕密計劃 —— 「雪計劃」的重要組成部分。

當時，蘇聯擔心日本可能會從遠東地區向其發動進攻，而且 1940 年和 1941 年的局勢越來越清楚地表明，日本要麼進攻蘇聯，要麼進攻美國，兩者必有其一，而向蘇聯發動進攻的可能性更大一些。

蘇聯祕密情報機構的副部長維塔利夫‧帕夫洛夫於 1995 年在一篇情報雜誌上發表文章承認，他在 1941 年曾交給懷特一張便條，上面列出了蘇聯的外交政策要點，並敦促懷特向美國政府「推銷」這些政策。這些政策包括：美國敦促日本立即全部從中國撤軍。

懷特與帕夫洛夫見面後沒多久，1941 年 11 月 26 日，美國國務卿果真打電話給日本政府高層，敦促日本從中國撤軍。可是，日本不僅沒撤軍，反而在兩週後向美國發出挑戰，一手製造了空襲珍珠港慘劇。

「珍珠港事件」始末

　　羅梅斯汀研究懷特的備忘錄，發現它與帕夫洛夫關於懷特的描述有著驚人的一致。珍珠港事件的發生對蘇聯來說是「天賜之物」，帕夫洛夫在回憶文章中寫道：

> 　　雖然索奇已經提供情報說日本不會進攻蘇聯，但進攻的可能性一直無法排除，直至美國參戰，威脅才算真正消除了。

　　如此看來，急於讓美國參加到遠東戰爭的蘇聯在這個事件的背後的確做了大量的手腳。此外，據前蘇聯情報計劃研究專家斯蒂溫‧舒瓦茲介紹，與德國人比較起來，史達林更擔心日本人，因為 1905 年爆發的日俄戰爭以俄羅斯人的潰敗而告終。

　　1941 年 6 月，希特勒撕毀蘇德和平協定，向蘇聯發動進攻。對蘇聯來說，避免與日本開戰就變得異常重要，因為蘇聯紅軍尚不具備東西兩線作戰的實力。好在經過數年的努力，蘇聯在日本建立了一個間諜網，領導人是裝扮成納粹德國記者的理查‧索奇。

　　據史料介紹，1941 年 9 月，當索奇向蘇聯高層匯報，日本正準備進攻美國，而不會進攻蘇聯時，蘇聯高層才鬆了一口氣，終於下定決心，將部署在遠東地區的三四十個陸軍師迅速調到莫斯科，與德軍較量，並最終取得勝利。同時，許多蘇聯官員一直擔心日本人會改變進攻美國的主意，因為德

國一直試圖引誘日本從東部向蘇聯發動進攻，以減緩德軍的壓力。

據索奇透露，當時，美國與日本仍在祕密談判，希望與日本達成和平共存協議。如果協議達成，蘇聯將處於極為不利的位置，因為美國和日本有可能協調反蘇政策。歷史學家弗萊明發表文章說，雖然他不敢肯定第二次世界大戰期間蘇聯在美國政府內部安插的眾多間諜一定影響到了羅斯福的決策，但他們把羅斯福以及其他高官的想法傳給了蘇聯這一點卻是事實。

針對當時的歷史，有學者提出這樣的疑問，如果美國不是在 1941 年 11 月強烈敦促日本從中國撤軍，美國和日本是否真的可以避免戰爭？羅梅斯汀認為，至少美國會有一段寶貴的備戰時間，珍珠港事件中也不會損失那麼多人。戰後，馬歇爾將軍在國會聽證時也承認，如果珍珠港美軍未遭到空襲，美軍可能會等到 1942 年 1 月或者更晚一些時間才會對日宣戰。

「珍珠港事件」始末

納粹德國造原子彈了嗎

　　1930 ～ 1940 年代，德國在物理學領域曾遙遙領先，科學家們率先在實驗室裡分離出鈾 -235，最先發現核裂變，是有機會領先於其他國家首先生產出原子彈的。但是貌似強大的德國最終並沒有生產出原子彈，而科技並不領先的美國卻造了出來。這是什麼原因呢？是希特勒不想造原子彈，還是有其他的隱情？

納粹德國造原子彈了嗎

▌希特勒欲用精神意志征服世界

在第二次世界大戰中，美國扔在日本的兩顆原子彈改變了世界，雖然有人說原子彈在第二次世界大戰中起的作用並不是決定性的。

1930～1940年代的德國，在物理學領域曾遙遙領先，德國科學家在實驗室裡分離出來鈾-235，首先發現核裂變，是有機會領先於其他國家首先生產出原子彈的。但是歷史現實就是這樣，貌似強大的德國沒有生產出來原子彈。

第二次世界大戰前，一種從未被人注意到的天然存在的鈾元素被德國科學家發現。這個利用中子作為砲彈轟擊鈾原子核獲得的成功，一舉驚動了整個世界。然而，作為納粹頭子的希特勒並沒有把這太當回事，因為他始終強調：德國的教育需要的是個人為團體的犧牲精神，而不是由科學助長起來的物質利己主義。

1942年以前，希特勒完全把賭注壓在閃電戰上，認為戰爭會很快結束，不需要花費大力氣去研製尚無把握的新武器，沒有原子彈他一樣可以稱霸全球。出於戰爭的需要，希特勒一開始就把研製火箭等武器放在了首要的位置，僅從1937～1940年，德國陸軍在發展大型火箭上就花費了五點五億馬克，而德國軍備部批給「鈾計劃」的經費，只有一百多萬馬克。這一點經費，與美國的「曼哈頓工程」相比，還

不到其十分之一。

直至 1942 年，希特勒還相信自己不久即將取得勝利，因此發布了一道命令：如果所提出的新武器計劃不能保證在六周內製造出來並用於戰場，那麼任何計劃都不能進行。這使得許多正在研究原子武器的科學家，再也不敢貿然提出這方面的建議了。

1942 年秋，德國為了戰爭的需要，針對「鈾計劃」遲遲不能拿出「原子彈」的現狀，決定「鈾計劃」的重點放在作為推動機器的發動機上來，主要想用在潛水艇上。這樣一來，德國的「鈾計劃」就改變了預期的目的，以開發鈾的動能為主要任務了。直至 1944 年，戰局已經產生了變化，德國才開始對原子能計劃發生興趣。

希姆萊下令制訂了一個新的研製方案，雖然這樣加快了德國原子彈的研製速度，但這時已經晚了。由於盟軍對德國的轟炸，德國的原子彈研究機構以及鈾的提煉廠經常要大規模搬遷，這極大地影響了德國原子彈的研製進度。

科學家不想讓核武器用於戰爭

當時，德國的科學家在鈾開發和鈾利用上的研究是走在世界最先端的，但是，隨著戰爭的不斷擴大，部分參加核研究的科學家都是帶著一種複雜的心情工作的，其中一部分人

納粹德國造原子彈了嗎

並沒有全心全意地投入工作，甚至是消極的。

德國「鈾計劃」的核心人物海森堡其實已經了解到許多原子彈的關鍵技術問題，但在戰爭期間卻故意避開了對原子彈的研究，轉而研究反應堆和迴旋加速器，這是德國原子彈研究工作沒有突破的一個重要原因。

海森堡對他的行為曾經作過這樣的解釋：

> 在專制政權下，只有那些表面上與政府合作的人才能進行有效地積極抵抗。

另一位科學家羅伯特·容克對此作了進一步的補充：

海森堡和他的朋友們之所以從事德國原子彈的研究工作，這首先是使另外一些缺乏覺悟的物理學家無法實現事業上的成功，因為他們不應該成功。

在德國戰敗後，著名的物理學家馮·魏茨澤克在聽說美國用原子彈轟炸了廣島後，對其他人說：「我之所以沒有製成，首先是因為其中的大部分人並不真正想搞……如果我們希望德國獲勝，我們不會造不出來。」

儘管受到原子彈的道德問題的困擾，並且還懷有對希特勒和具體組織者的不信任，德國的科學家們在研究工作中還是很努力的。

此時在遙遠的美洲大陸上，美國的幾十萬人正在緊鑼密鼓地實施著自己的原子彈計劃——「曼哈頓工程」。就是這

樣一個工程把德國遠遠地甩在了後面，而德國仍然蒙在鼓裡。

另外，德國有成就的科學家大都傾向於基本原理和基本現象的研究，不願意進行平淡、繁瑣的技術性工作，大量既懂得物理學的基本原理，又能從事具體技術和組織工作的人，不是逃亡就是轉入其他軍事研究部門，造成了德國核研究的脫節。

雖然鈾和同位素分離、重水生產等問題的研究最初進展很快，但沒有人有效地將它過渡到大規模的生產上去，也沒有人有效地組織與原子彈有關的爆炸、輻射等問題的綜合研究。

當年美軍「阿爾索斯」行動特遣隊在德國曾發現一張未能銷毀的設計草圖，美國負責原子彈研究的格羅夫斯和科學顧問格德斯密特都認為，從圖上判斷，海森堡等科學家研究的成果，離原子彈爆炸只有一步之遙。

▎同盟國派出精銳部隊搗亂破壞

重水是獲取鈾-235製作過程中理想的減速劑，天然水中的重水含量只有1/6,000左右。德國重水的來源主要依靠被占領的挪威的維諾克化工廠，它是當時世界上最大的重水工廠。

1942年，英國負責經濟策略的情報機構獲得的情報稱：

納粹德國造原子彈了嗎

德國人已經命令在挪威的維諾克化工廠把重水的年產量從每年三千磅增加至一萬磅。這一情報意味著德國人在研製原子彈上在已經走在盟國的前面，必須採取果斷的措施阻止德國人的研製進展。英國戰時內閣決定，由英國中央情報部門組織突擊隊聯合挪威地下抵抗組織，將這座工廠的重水廠炸毀。

經過緊張的籌劃，取名為「燕子行動」的突襲行動迅速開展。兩架由轟炸機牽引著的滿載突擊隊員的滑翔機從英國起飛，開始進行毀滅性的攻擊。幾個小時之後，地面的特務人員向焦急等待的倫敦指揮中心發出消息：轟炸機在挪威飛抵目的地附近上空墜毀，機上所有人員不是死亡便是被德國人生擒。第一次突擊以失敗而告終。

德國軍隊抓獲了幾名突擊隊員後，未經審判就把他們給處決了。英國情報部門也急忙向德方施放虛假訊息，使德國情報部門犯下了一個致命的錯誤。他們根據掌握的情況判斷英國偷襲的目標不是維諾克化工廠，而是與工廠臨近的一座新水壩。於是，他們把一百名加強警戒的警衛部隊增派到水壩上，而對化工廠則只增加了十二名警衛。

英國情報部門重新制訂了襲擊計劃，情報專家對著地圖和模型對新一批突擊隊員進行了嚴格的強化訓練。

這一次，突擊隊員將從地面對維諾克化工廠進行襲擊。

九名突擊隊員空降到距維諾克化工廠三十公里的斯庫利凱湖上，與地面的特務會合後，悄悄地向工廠進發。

維諾克化工廠坐落在崇山峻嶺中的一個三百多米高的峽谷懸崖上，通往峽谷的每一條關卡上都有德國士兵把守。突擊小組首先向下滑行到谷底，然後又緊張地爬上近千米的大岩壁，隨後他們沿著通往工廠的鐵路堤岸匍匐爬行，終於來到了工廠的大門口。由於突擊隊員們事先已經透過地下特務的標示熟記了工廠的一切，因此，僅用了三分鐘的時間就找到工廠與濃縮室相通的電纜道和預定要爆破的水槽、水管等，並很快把炸藥放在要害的爆破位置。

這一切做得非常隱祕，把守工廠的德國士兵一點也沒有察覺突擊隊的潛入。隨著驚天動地的一聲巨響，極其珍貴的上千磅重水從炸碎了的儲存槽裡流出，隨著水溝裡的汙水消失得無影無蹤。工廠裡的機器被炸成了一堆堆巨大的廢鐵。德國的核計劃遭到了沉重的打擊。一年後，維諾克化工廠被修復了一部分。就在德國人準備重新開始生產重水時，英國人的飛機又來轟炸了，炸毀了工廠的發電設備。

希特勒面對英國人的襲擊，先是暴跳如雷，後是氣急敗壞，他下令「不惜一切代價，把已經造好的重水運回國內」，同時還有生產這些重水的設備也一起帶回德國，以防英國人的破壞。這一次，德國人在沿途加強了警戒，增加特

納粹德國造原子彈了嗎

務和軍隊進行保護。在將重水運往德國途中的廷斯賈克湖上，滿載著重水和設備的貨輪再一次被英國特務預先存放的定時炸彈炸沉在湖底。至此，德國原子彈計劃損失慘重，元氣大傷。

英國的「燕子行動」摧毀了德國設在挪威的重水工廠，並炸毀了德國運送設備的輪船，從而大大延緩了德國研製生產原子彈的進程，而美國的「阿爾索斯」計劃則讓納粹德國的「原子彈夢」徹底破滅了。

1943 年秋，美國情報部門向最高統帥部建議，為了徹底摧毀希特勒的原子彈夢想，計劃組成一個特別行動小組，到敵占區搜捕德國科學家以及相關的類似鈾和重水等重要的策略物資，刺探科技情報。

當時的美國總統羅斯福立刻就批准了這個代號為「阿爾索斯」的計劃。於是，「阿爾索斯」小組成員隨軍行動，相繼在盟軍收復的義大利、法國、比利時等地發現並查獲了大量的德國相關情報。由小組成員引導，美軍成功地轟炸了德國阿吉附近的一個從事鈾加工的工廠。他們在海登堡找到了德國重要的實驗室，並抓獲了德國最著名的科學家海森堡……

至 1944 年年底，德國境內的生產和實驗設備不斷地遭到盟軍的轟炸，大批的科學家被美軍俘獲，德國的原子彈夢徹底破滅了。

日本的「二號研究」付之流水

　　納粹的原子彈研製計劃被盟國破壞後，他的盟友日本驚恐萬狀。原來，日本人很早就已經著手開始原子彈的研究工作了，他們給這項計劃取名為「二號研究」。

　　1934 年，日本的理化研究室和科學家就進行過人工轟擊原子核的實驗。第二次世界大戰爆發後，日本軍方撥出巨款在東京空軍大樓建立了核彈研究所，妄想依靠原子彈威脅世界，實現所謂「大東亞共榮」的美夢。1940 年年底，潛伏在美國的間諜向日本軍方密報了美國核計劃的祕密，這一情報使日本人在欣喜的同時，又感到萬分恐慌。侵華戰爭中龐大的軍費開支嚴重地影響了「二號研究」的進展程度。

　　作為一個島國，日本缺乏寶貴的資源。當時日本最大的困難就是缺乏製造原子彈的材料 —— 鈾，而日本國內根本就沒有原子鈾的礦藏。日本人想到了盟友德國。

　　東條英機將日本的想法和得到的美國有關核計劃的情報傳遞給希特勒，並希望希特勒能在鈾上給予幫助。希特勒十分痛快地答應了日本的要求，也立刻給予援助，並派出潛艇祕密運輸。希特勒如此痛快地答應日本人，主要是根據當時的國際局勢做出的決定。

　　當時，德國與美國的決裂已不可避免，為了抑制美國人的核計劃，有必要在軸心國內確立核震懾。希特勒認為，一

納粹德國造原子彈了嗎

旦美國首先製造出原子彈，那麼，對德國必將是極大的威脅，但是，如果日本人在這方面捷足先登，闖入核大門，那麼無疑又將是對美蘇的威脅。

在一個月黑風急的夜晚，德國一艘裝載著核原料的潛艇悄悄地駛向日本。日本大本營同時接到德國方面出發的密電，即刻著手準備接應。這一切都沒有逃過同盟國諜報人員的眼睛，美國太平洋艦隊獲得了德國潛艇遠航日本的情報。美國海軍在德國潛艇必經之路馬來西亞近岸處布下了天羅地網，靜候德國潛艇的到來。

漆黑的大洋深處，鯨魚般的潛艇關掉了無線電，悄無聲息地向預定目標行駛著。儘管德國潛艇關閉了一切能夠關閉的系統，但動力系統是無法關閉的，美國海軍的聲納測出了潛艇的方位。很快，一枚枚深水炸彈沉入海底，爆炸激起的水柱有兩三米高，德國潛艇終於沒能躲過炸彈的襲擊，連同珍貴的鈾原料沉入了海底，埋葬在大洋的深處。

德國的援助之路被美國人切斷後，日本人只好自認倒楣，無可奈之下，只好在中國的東北以及蒙古等地搜刮少量的資源。然而，從這地方運回去的鈾數量少得可憐，對於一個龐大的核計劃顯然是杯水車薪，因此，日本的「二號研究」進展十分緩慢。

　　1945 年，美國空軍大舉轟炸日本東京，日本空軍總部作為軍事目標遭美軍持續的大規模的轟炸，「二號研究」所在的四十九號樓也被美國的上千噸炸彈炸得粉碎。

納粹德國造原子彈了嗎

德軍迷途飛機的命運

　　德國一架先進的「Me-110」型戰鬥機誤入中立國瑞士的領空，被瑞士防空部隊迫降。德國為了保證先進技術和絕對機密不被盟軍得到，與瑞士當局進行了多方面的較量，並派遣特務人員，企圖製造混亂，炸毀這架飛機，找回丟失的機密文件，但都沒有得逞。最後納粹不得不做出了一些重大讓步，才妥善處理了那架迷途的飛機。

德軍迷途飛機的命運

▌德國戰鬥機誤入中立國被迫降

　　1944 年，已經轉入策略反攻的盟軍，派出數千架轟炸機不分晝夜地對德國本土進行著狂轟濫炸。德國也為保衛自己的第三帝國不被徹底征服做最後的抵抗。

　　在連續不斷的空戰中，曾經發生過這樣一個插曲：德國一架先進的「Me-110」型戰鬥機誤入中立國瑞士的領空，被瑞士防空部隊迫降。德國為了保證先進技術和絕對機密不被盟軍得到，與瑞士當局進行了多方面的較量，最後不得不做出重大讓步，才妥善處理了那架迷途的飛機。

　　1944 年 4 月二十八日，漆黑的夜裡，在德國南部的夜空爆發了一場激烈的空戰，德國戰鬥機升空阻攔英國皇家空軍的轟炸機群。在混戰中，一架由德國少尉威廉‧約翰駕駛的三人座「Me-110」型戰鬥機偏離了方向，闖進了中立國瑞士的領空。瑞士杜本多夫空軍基地的防空部隊用強力探照燈鎖定了德國的飛機，然後發射紅綠信號彈示意飛機降落。「Me-110」上的威廉少尉無奈將飛機靠近跑道，就在探照燈被關掉的瞬間，他又將飛機拉了起來。瑞士防空部隊見到「Me-110」型戰鬥機重新加速，似乎要逃之夭夭，於是再次用探照燈將其鎖定。威廉被強烈的燈光照得頭暈眼花，只好降落。

▌瑞士俘獲德軍新式戰機

飛機終於搖擺著停了下來，威廉少尉關上引擎，這時，他們聽到飛機外面有人輕叩飛機的駕駛艙，說：「請出來，這裡是瑞士，你們被拘留了。」飛機內的約翰等三名德國人環顧四周，發現他們已經被包圍了，二十多名瑞士士兵正手持武器瞄準著飛機。

威廉和兩名機組人員馬上意識到，他們應該立刻將飛機上的祕密裝置毀掉，因為飛機上載有最新型的「SN-2」夜間飛行雷達，它可以在四公里外發現盟軍的轟炸機。同時，飛機上還有一樣重要的新型武器，綽號為「傾斜的音樂」。這是一對高射炮，可以直接向上方開火，用來攻擊盟軍轟炸機難以防守的機身腹部。此外，無線電報務員阿希姆違反嚴格的規定，私自攜帶了一套德國高級別的電碼本。如果這個電碼本落入盟軍情報人員手中，對德軍必將會造成更大的破壞。

從「Me-110」型戰鬥機中出來前，阿希姆使勁用腳踢雷達裝置，想把它破壞掉，負責發射雙子炮的炮手保羅也想把「傾斜的音樂」破壞掉，但他們的努力都沒有成功。

機艙外的拍擊聲越來越緊，他們只好把那個密碼本迅速地藏入飛行衣的口袋裡，這才打開飛機艙門，爬下飛機。

因為瑞士是中立國，因此士兵們也都還是很友善的，三

德軍迷途飛機的命運

個德國飛行員來到停機坪上，其中保羅還取出香菸點上，並和那些瑞士士兵聊了一會。

稍後，保羅說要到飛機上去取一些私人物品，沒等瑞士的士兵批准，保羅就爬上駕駛艙，試圖引爆機艙內的定時炸彈，炸掉飛機。就在他將要觸到定時開關的一剎那，幾名瑞士士兵緊隨其後拖住了保羅的後腿。引爆飛機沒能實現。

瑞士的士兵並沒有把三名德國人當做俘虜來對待，而是把威廉等三人帶到了基地，還向他們提供了酒菜。三個飛行員知道，再好的招待他們也是俘虜，飛機上的機密定要銷毀。三個人酒足飯飽後提出要去洗手間，於是由兩名瑞士士兵陪著他們來到廁所，見瑞士士兵的注意力不集中，三人立刻把密碼本拿出來一頁頁撕碎，丟進廁所裡並用水沖掉。但還是讓瑞士士兵發現了，他們上來搶走了剩下的部分。

▋納粹千方百計銷毀飛機

當得知「Me-110」型戰鬥機在瑞士降落的消息後，德國立刻向瑞士提出歸還飛機的要求，但是瑞士官方拒絕歸還侵犯他們領空的「Me-110」型戰鬥機。柏林的德國高級將領們此時幾近恐慌，他們擔心瑞士人會把祕密武器和電碼本悄悄轉給盟軍的情報部門。德國黨衛軍首腦海因里希‧希姆萊立刻命令將三位飛行員的家屬逮捕，以防三名空軍軍官叛變。

希姆萊還向希特勒建議，立刻派人潛入瑞士或啟用瑞士的間諜人員謀殺那三位被俘虜的飛行員，戈林也提出要派飛機轟炸瑞士的杜本多夫空軍基地。

希特勒最初聽到這個消息時大發雷霆，他一面指責甚至謾罵手下的過失，一面拒絕了希姆萊和戈林的建議。瑞士是中立國，目前的戰事已經向不利於德國的方向發展，即使有利於德國也不能把事情做得過於絕對。保持與一些中立國的關係對德國是絕對有好處的，因此，希特勒沒有採納他們的建議。

希特勒想用祕密的方式來解決這個令人頭疼的問題。他恢復了平靜後，立刻召見了自己的心腹 —— 德國黨衛軍少校奧托‧斯科爾茲內。

奧托被盟軍認為是一個頗為狡詐陰險的人物，當初就是他帶人劫走了已經被抓獲的墨索里尼。如今，希特勒又派奧托到瑞士，去執行一項同樣讓人難以想像的任務 —— 找到並炸毀「Me-110」型戰鬥機。

然而，這一次奧托的命運可沒有上次那樣好，他在瑞士杜本多夫空軍基地周圍逛了好幾天，尋找有關德國飛機的蛛絲馬跡。他詢問了附近的一些居民和剛從基地走出來的無軍職人員，得知瑞士官方已經將這架先進的飛機轉移到了深山中。這樣一來，要想找到飛機就好像大海裡撈針一樣不可能

德軍迷途飛機的命運

了。奧托只好回了德國。

希特勒見自己精心策的劃行動落了空，於是，只好透過外交手段與瑞士進行談判。

5月中旬，德國和瑞士終於達成了一個奇怪的協議，在德國軍事參讚的注視下，已經運回杜本多夫空軍基地的那架「Me-110」型戰鬥機及其祕密設備被潑上了汽油，點火焚毀了。同時，根據協議，瑞士政府從德國購進了十二架「Me-109G」型高性能戰鬥機。

作為協議的一部分，少尉威廉、雷達員阿希姆和炮手保羅被釋放並返回德國。德國情報處在瞭解了他們在瑞士的具體遭遇和行為後，認定他們沒有叛國的行為，隨即將他們的家屬全都釋放了。

希特勒的困獸之鬥

　　1944 年年末，隨著西線盟軍諾曼第登陸的成功和東線蘇軍的勝利推進，德軍的處境已是岌岌可危。但是，希特勒仍然幻想著在西線被人們稱為「魔鬼陣地」的亞爾丁實施反擊，並用代號叫「守衛萊茵河」的計劃矇騙盟軍，從而迫使英國人退出戰爭。他的這個願望在當時極具操作性，也曾一度使盟軍遭遇重大挫折，但由於大勢所趨，希特勒所做的一切終成一枕黃粱。

▌盟軍東西並進圍困德國柏林

　　1944 年年末，隨著西線盟軍諾曼第登陸的成功和東線蘇軍的勝利推進，德軍的處境已是岌岌可危，但是對窮途末路的希特勒來說，他仍然幻想著他的第三帝國還能重新強大起來。

　　1944 年 12 月 10 日，希特勒在盛大的歡迎場面中，離開了因為轟炸已經變得滿目瘡痍、陷入癱瘓的首都柏林，登上了開往西線的火車。同時，60 多名陸軍元帥和將軍已經接到神祕而且是前所未有的命令：要求他們單獨去地下掩體匯報。這個地下掩體是距離前線 25 公里的一個被稱為「鷹巢」巨大的地下掩體，希特勒就是從柏林來到這裡準備實施他的計劃的。

　　12 月 11 日，當元帥和將軍們進入地下掩體時，他們都被板著臉的黨衛軍下級軍官解除了隨身攜帶的武器。然後，他們坐到了一間大會議室的椅子裡，那些椅子事先被擺成一排排的，就像學生在教室裡一樣。幾分鐘後，房間的一扇門打開了，希特勒從裡面走出來。對於那些追隨元首多年的元帥和將軍們來說，面前元首的樣子令他們感到震驚。此時的希特勒看起來像是一個身心衰竭的人，他的臉色很難看，似乎很不健康，雙手也有些微微的顫抖。

　　軍官們心中的元首已經未老先衰了。一種可怕的沉寂籠

罩著整個房間。稍後，希特勒用低沉的聲音開始講話。在一個多小時的時間裡，希特勒雜亂無章地說著德國過去的偉大戰績，談論他創立納粹黨的目標和勝利。

雖然，這些話大多數軍官已經聽到過無數次，但他們不敢表現出一絲坐立不安和不耐煩的神情來。他們也不敢伸手去掏手絹，因為他們害怕這樣的舉動會被布滿房間裡的黨衛軍士兵理解為去掏藏匿的手槍。因此，即便是他們心中想著其他的事情，但在外表上也給人一種全神貫注地傾聽的感覺。

突然，希特勒的講話停了下來，房間裡又是一陣死一樣的沉寂。過了好長時間，希特勒才又開口。他說：「我已經做了一個重大的決定，我將在西線採取攻勢。」

陸軍元帥和將軍們都驚呆了。近五個月來，盟軍的攻勢始終很猛，一直在向德國挺進，而且已經將德國包圍。如今盟軍已經沿著德國的邊界部署完畢，即將發動猛烈的攻勢來結束在歐洲的戰爭。在這個時候德國還能開展攻勢嗎？陸軍元帥和將軍們心中不免有這樣的疑問。

希特勒一邊回味著逝去的輝煌歲月，一邊指著西線的地圖說：「我將在這裡打擊敵人！」說著，他用手使勁地戳到地圖上的一個點。

指揮官們再次瞪大了雙眼。希特勒用手指的是被人們稱

希特勒的困獸之鬥

為「魔鬼陣地」的亞爾丁。這個位於比利時和盧森堡之間六十公里的地區根本不適合打仗，那是一個多丘陵和被森林覆蓋的地區。進入這個地區，德國軍隊的裝甲部隊只能行駛在狹窄、崎嶇、覆蓋著冰雪的山路上，這樣的道路非常不利於部隊的調動，甚至可以說是不可能。

客觀地講，在選擇是為勝利做孤注一擲的最後一搏上，還是和西方國家媾和上，希特勒的選擇還是有其高明的地方的。因為希特勒看到了洋洋得意的盟軍指揮官已經被巨大的勝利沖昏了頭腦，他們不可能想到德國軍隊會在冬天從亞爾丁地區展開進攻。如果這一役取得成果，就將改變整個戰爭的局面。

希特勒所幻想的是，假若能夠再造成一個敦克爾克，那麼英國人就會實際上被迫退出戰爭，他就可以獲得喘息的機會，從而在東線戰場上阻止蘇聯紅軍的進攻，從而形成一種僵局。

希特勒對這個計劃傾注了極大的寄託和希望，同時也充滿了不切實際的幻想。第二次世界大戰結束後，德國西線總司令龍德斯泰特元帥曾經說過：「照我看來，對於這樣一個具有極大雄心的計劃，我們所能動用的兵力實在是少了。事實上，沒有一個軍人會相信到達安特衛普的目的是真正實際可能的。然而我們無法與希特勒爭論，那樣也只是徒費口舌。」

因此，倫德斯泰特向希特勒提出了一個自認為可以使希特勒既欣賞又比較具有實際可能性的計劃，從而希望希特勒能夠放棄那個荒謬的想法。但是，希特勒拒絕了龍德斯泰特的建議，堅持自己原來的計劃。

此時的希特勒正在用他低沉的聲音向自己的指揮官們講解著這個計劃的意義和實施方案。希特勒的計劃是用強有力的先頭部隊粉碎組織不善的美軍防線，並朝西北兩百公里發動突襲，占領關鍵性的港口安特衛普 —— 盟軍依賴它供應西線的大部分物資。

希特勒強調，計劃的成功關鍵在於兩個至關重要的因素：一個是保密，再一個是速度，兩者缺一不可。保密可以透過一個精心策劃的矇蔽計劃來實現，而速度就是在保密的前提下，迅速將兩支裝甲部隊從離開後方十公里的地方火速調集到前線，而盟軍對這麼大型的軍事行動要毫無察覺。

為了矇騙盟軍，德國人給這次軍事行動起了個代號叫「守衛萊茵河」，可以看出，這是一個體現防禦姿態的名稱。

納粹窮途末路實施矇騙計畫

就在德國指揮官們離開「鷹巢」，火速趕回他們的崗位後，西線總司令龍德斯泰特立刻開始執行矇騙計畫。他一面用無線電將「守衛萊茵河」的計劃發出去；一面命令西線的

希特勒的困獸之鬥

德國軍隊全線停止一切進攻，而準備為德國建立最後一道防禦工事。

盟軍的無線電竊聽部門輕易地將德國的這個密電破譯出來，盟軍為德國的退縮而感到興奮。在亞琛地區，美國人正在為龐大的進攻調集部隊。

希特勒指示德國情報部門在這一地區設立一個虛假的電臺網絡，模擬子虛烏有的第二十五集團軍的存在，以使得盟軍在監聽德軍無線電時確定這個德軍後備軍已經調集到亞琛地區，以應付盟軍的猛烈進攻。

就在美國人在亞琛地區忙著調集部隊的同時，德國軍隊正在悄悄地實施著「守衛萊茵河」的計劃。

1944 年 12 月 13 日晚，上千噸已經收集起來的稻草從後方運往前線，並被鋪設在道路上用來消除坦克和車輛發出的聲響，大砲也由釘著特殊馬掌的馬來運送。標有陣線後方行軍路線這種所有軍隊中的常規程式被嚴格禁止，因為任何一名盟軍的間諜只要發現這些標記就能意識到有龐大的部隊在調動。在白天，禁止任何車輛開動，無論它們的所有者是什麼官銜，只要是違背這項禁令，交通工具的輪胎就被刺破，被追究責任。

特定的軍官被嚴令指派為道路的指揮官，他們的作用就是要加強執行偽裝措施，這些被指派的軍官有著極大的權

力，他們可以逮捕甚至槍斃任何一個違令者，無論他是將軍還是士兵。

第二天的晚上，德國軍隊的坦克、大砲、車輛等已經離前線越來越近，德國的空軍也飛到前線，看似在執行任務，其實是在用飛機發出的噪聲來掩蓋地面部隊可能會洩漏祕密的聲音。

離進攻時間還剩一天的夜裡，德國軍隊的每一名士兵、每一輛坦克、每一支衝鋒槍、每一輛彈藥車和每一門大砲都已經到達精確的指定位置上。這時的美國人還一點也不知道這裡發生的一切。

同時，希特勒為了給盟軍製造混亂，派出了一連會說英語的突擊部隊。突擊隊員穿著美軍的野戰夾克，並乘坐美軍的吉普車，趁著美軍戰線被突破的機會，分成若干個小群趕在撤退中美軍的前面向其後方地區到處滲透。他們切斷電話線，移動路牌使得正在調動的美軍走錯方向，懸掛紅布條以示道路上已經布雷等。總之，他們用可以使用的一切手段來製造混亂。

希特勒本來在派出突擊隊後，還有另外一個設想，就是想派出一個裝甲旅，也是同樣進行偽裝，然後用它們長驅直入去奪取馬斯河上的橋梁。但是，這個計劃始終也沒能實施。原因是集團軍能夠提供的坦克和卡車的數量還不足所需

要的零頭，所以這個計劃也就最終被放棄了。

德軍突擊隊在美軍的後方的確造成了巨大的混亂，甚至超出了希特勒的預期。差不多有四十輛吉普車混入了美軍的後方，並到處製造混亂。在這四十輛吉普車中只有八輛落入了美軍的手裡，其餘的全部返回到了德國境內。

美軍士兵每逢在路上相互遭遇時，都認為對方是德國突擊隊員。美軍士兵已經被搞得極度緊張，他們看誰都像是德國突擊隊員。結果造成了美軍在後方到處攔截車輛進行檢查，有數以百計美國軍人因為在回答問題時使人感到懷疑而被拘捕，就連集團軍的司令布雷德利都曾經被要求出示證件。

後來布雷德利回憶說，當時有一個士兵曾經非常慎重地拷問了我三次跟美國有關的事情。第一次是拷問美國的地理，第二次是拷問足球的規則，第三次拷問的是美國一個大明星的現任丈夫是誰。

可見當時美軍內部是何等的緊張，這樣的拷問使得前來聯絡或參觀的英國軍人簡直是煩透了，因為這些人根本就不知道純粹美國文化的考題。就這樣，美軍在遠達後方巴黎的大範圍內，採取了一種近乎癱瘓性的安全措施，結果是瞎折騰了十多天。希特勒的矇騙計畫取得了成功。當德國軍隊的一千九百門大砲發出巨大的轟響，雨點般的砲彈落在美軍士

兵的頭上，當德國軍隊的二十個師、一千輛坦克及裝甲突擊炮，把美軍八十公里的防禦陣地衝破出一個大洞後，美軍第八軍指揮官米德爾頓將軍和參謀長一起對著作戰室內的大地圖發愣。他們驚呼：希特勒這個混蛋從哪裡搞來了這麼多的部隊？

然而，這只是曇花一現，希特勒的反攻計劃只是在一開始造成了作用。在亞爾丁會戰的前期，德國的確給了盟軍很大的打擊，但在後期便逐漸衰落下去，並無法挽回徹底失敗的命運了。原因就在於德國本身有許多內在的困難，尤其是資源的枯竭已經無法保障希特勒膨脹的野心。在此戰役中，德國軍隊的坦克和其他車輛因為缺少油料，在進攻的途中常常要無奈地停止前進，只能原地等待油料的到來，結果錯過了進攻的絕好機會。

德軍的將軍們曾經很有感慨地說：「正因為缺少燃油之故，我們的預備隊站在那裡排著大大的長龍，分布的地帶有一百公里，而這是我最需要他們的時候……」

盟軍經過六個星期的浴血奮戰，將德軍的攻勢阻攔在已經插入比利時的六十公里處。

希特勒在孤注一擲的反擊中，也將自己「進攻是最好的防禦」的軍事信仰發展到了極限，由於他不顧實際地下達不準撤退的命令，最終也只能坐以待斃。

希特勒的困獸之鬥

日本投降前後的醜態

　　1945 年 8 月 15 日，日本天皇發表停戰詔書，正式宣布無條件投降，飽受蹂躪國家的百姓終於可以過上安穩的生活了。然而，當人們在慶祝這一勝利的時候可能不會想到，日本在投降的背後，還存在著許多令人震驚的齷齪的交易；戰勝國和戰敗國之間、戰勝國和戰勝國之間，都還存在著不能見光的勾當。

日本投降前後的醜態

日本天皇發布投降停戰詔書

　　1945 年 8 月 15 日，日本天皇發表詔書正式宣布無條件投降。人類歷史上最殘酷的戰爭 —— 第二次世界大戰結束了，包括飽受侵略蹂躪國家在內的世界人民終於可以過上安穩的生活了。

　　當人們在慶祝這一勝利的時候，可能不會想到，日本在投降的背後還存在著許多的令人震驚的齷齪的交易。

　　美國軍隊經過一年多的艱苦奮戰，在 1943 年下半年終於贏得了戰爭的主動。尤其是 1944 年馬里亞納群島戰役，美軍從策略防禦轉入了策略進攻。這次海戰是日美雙方在太平洋上的決戰，也是人類歷史上規模最大的一次航空母艦大戰。

　　在海戰中，美軍先後攻占了塞班島、關島和提尼安島，全部殲滅了島上約七萬多日本守軍，日軍在太平洋上的策略防禦嚴重瓦解。由於核心地區的喪失，日本大本營規定的「絕對確保的國防圈」面臨崩潰，美國軍隊已經基本控制了中太平洋上的制海權和制空權。日本海軍在失去了遠洋作戰的空中支援後，美軍在此領域就有了更大的主動權。

　　此時的日本已經日暮途窮，苟延殘喘。美軍轟炸機開始對日本本土進行猛烈轟炸，戰火直燃日本本土。

　　1945 年 7 月 26 日，由中國、美國、英國三國簽署的《波茨坦宣言》向世界發布，要求日本無條件投降。

　　馬里亞納群島的失陷和日本本土遭到的轟炸，極大地震動
了日本，加劇了日本統治階層的內部矛盾。《波茨坦宣言》的
發布，日本國內主降派與主戰派的爭吵由此開始，愈演愈烈。

　　日本的主降派有：新任首相鈴木貫太郎，海相米內光政
和外相東鄉茂德。主降派認為，投降雖然在日本國體上留下
了汙點，但是從美英兩國的輿論看，至今並沒有提及改變國
體問題。僅就投降而言，尚無須為國體憂慮。

　　日本的主戰派有：陸相阿南唯幾、參謀總長梅津美治
郎、海軍軍令部總長豐田副武。主戰派認為，日本還沒有戰
敗，還有決戰本土的機會，決戰本土會讓美國人受到沉重的
打擊，說不定還會扭轉戰局。

　　對於如何回應《波茨坦宣言》，日本內閣召開會議。會
上外相東鄉率先發言，他說：「鑒於《波茨坦宣言》是和談的
唯一基礎，所以我認為在政府能夠採取這種或那種堅定立場
之前，不應該把這個公告公諸於人民。」

　　立即有人反對：「既然公告已經在全世界廣播，相信日本
人民也不會聽不到，因此，日本人民理應從自己的政府那裡
正式獲悉這個消息。」

　　陸相阿南說道：「倘若把有關《波茨坦宣言》的消息公之
於眾，政府就必須同時表明他反對公告條款的理由和希望日
本國民採取的態度。」

日本投降前後的醜態

　　最後，會議通過了一個折衷的方案：

　　　　政府既不對這一公告完全置之不理，又不在界
　　定自己的立場之前把它公布出來。

　　因此，內閣決定發表一個措辭含糊的消息，政府不表態，報紙也不渲染，可刪節，但不可評論。然而，由於日本強硬派占據著上風，後來在《朝日新聞》上，不僅原文刊登了《波茨坦宣言》，而且還在評論中將公告說成是「沒有多大價值的玩意」。

　　這種結果與內閣會議的決定大相逕庭。更令東鄉感到意外的是，鈴木首相在記者招待會上竟然直言道：

　　　　《波茨坦宣言》只不過是《開羅聲明》的舊調
　　重彈，政府認為，這個公告是沒有多大價值的。
　　我們對它根本不屑一顧，政府決心繼續進行這場戰
　　爭，直至勝利。

　　日本的態度激怒了美國，1945 年 8 月 6 日，日本廣島遭到第一枚原子彈的轟炸，8 月 9 日，日本長崎遭到第二枚原子彈的轟炸。

　　兩枚原子彈炸蒙了日本人，而就在美國向日本投放原子彈的同時，蘇聯也對日宣戰，出兵中國東北，使得日本一些還存在幻想的動搖派徹底放棄了繼續戰爭的想法。內閣會議上，首相鈴木與往常會議相反，第一個發言，他說：

鑒於廣島事件和蘇聯出兵滿洲，日本實際上已經不可能再繼續戰爭。我認為，我們除了接受《波茨坦宣言》外，別無其他選擇。

他用目光在會場裡掃了一圈，表示要聽聽在座諸位的意見。會場裡鴉雀無聲。海相米內打破了這種沉寂，他說：「大家緘口不語，那就一事無成。我們是否同意敵人的最後通牒，是無條件投降還是提出條件？我們應該在此時此地來討論一下。」

於是，其他與會者紛紛表達了各自的觀點，最後，與會者除一致認為日本的君主制必須保留外，對其他觀點的分歧非常尖銳，各不相讓。鈴木、米內、東鄉主張在保留君主政體的基礎上，接受盟國的最後通牒。阿南、梅津美治郎、豐田希望必須加上另外的條件，這些條件是：盟軍向日本派駐的占領軍要是最小規模的；日本戰犯由日本方面而不是雙方來審判；由日本方面遣散日本軍隊。顯然，主戰派是無法接受戰敗和投降的想法的。

東鄉反駁道：「日本目前的情況朝不保夕，即使日本想提出若干條件，同盟國也不會同意，他們是可能斷然拒絕的。」

梅津爭辯道：「日本尚未輸掉這場戰爭，倘若美國人進犯日本本土，我們的軍隊仍然可以有力地阻止他們，他們的傷亡一定是非常慘重的。」

日本投降前後的醜態

東鄉回擊道：「即使敵人的首次進攻被擊退，但是，日本的防衛能力也會更加衰弱，敵人的下一次進攻日本絕對是擋不住的。如果那樣，不如現在就接受這個公告，只要能留住日本皇室。」

米內接著說：「是的，我們可以為日本贏得第一場戰鬥，但無法贏得第二場戰鬥。我們大勢已去了，所以，我們應該拋開臉面，盡快投降。我們應該保存我們的國家。」

阿南不服氣地說：「我們不是打腫臉充胖子，說我們已經失敗，未免為時尚早。毫無疑問，假如敵人進攻日本，我們一定會給他們帶來慘重的損失。或許這就能扭轉戰局，反敗為勝，這也不是沒有可能的。」

這時，農業、運輸和工商等幾個大臣都表示了反對的意見，他們從日本的經濟上說明了日本之所以不能再戰的理由 —— 由於轟炸造成的損失和農作物的減產，都已經不再有實力支持日本打下去了。內務大臣和另外的幾個大臣叫嚷著堅決反對接受《波茨坦宣言》，日本應該繼續戰爭。

內閣會議一時解絕不了分歧，無奈之下，鈴木只好決定把這個情況向日本天皇裕仁作了匯報，請求他來裁定。

這天夜裡，裕仁召集內閣大臣首相鈴木貫太郎、海相米內光政、外相東鄉茂德、陸相阿南唯幾、參謀總長梅津美治郎、海軍軍令部總長豐田副武，另外還有平沼男爵到皇宮開會。

會上，鈴木首先向裕仁匯報了白天內閣成員會議爭論的主要分歧。他說：「現在的形勢是，最高戰爭指導會議分成了兩派，無法取得一致。」

東鄉第二個發言，他闡述了自己的看法後，說：「日本應該接受《波茨坦宣言》，只要盟國能夠接受在保留日本的問題上作出保證。」

阿南則氣勢洶洶地站起來，表示反對：「日本應該打下去，對日本來說，最後的較量尚未開始，勝負未定。如果接受投降，他們必須接受四項條件：保持日本君主政體的完整，保證日本有權遣散自己的軍隊，自己審判戰犯和限制占領軍的規模。」

梅津聽了阿南的話，不停點頭，道：「我贊同日本應該繼續打下去，日本仍然比較強大，現在接受無條件投降只能使日本戰死的英雄們蒙受恥辱。投降，必須要堅持這四個條件。」

豐田也同意繼續戰鬥下去。隨後，首相鈴木說：「顯而易見，我們現在不能達成一致的意見。鑒於這種情況，我認為還是請陛下欽定。」

一直緘口不語的天皇裕仁這時開口發言，他說：

　　繼續戰爭只能造成日本人民的毀滅……顯然，日本已經無力進行戰爭，能否繼續保衛自己的國土也令人值得懷疑了。

日本投降前後的醜態

裕仁的語調變得很是低沉：

> 毋庸諱言，眼見朕之忠心耿耿的軍隊被解除武裝，實在難以忍受。但是，現在需要忍所不能忍，耐所不能耐。所以，我打算全盤接受他們的條件。

裕仁講完話後，最高委員會的委員們滿面淚痕，鞠躬致敬。陸相阿南打破沉寂氣氛，高聲嘶叫：「請陛下不要投降！」裕仁轉身，慢慢地走出房門。

委員們遵照裕仁的指示，向瑞典和瑞士發出了一封電報，轉給中、美、英、蘇四國，內容是：

> 日本政府準備接受 1945 年 7 月 26 日由美、英、中國政府首腦在波茨坦發表的、後由蘇聯政府參加簽署的聯合聲明提出的所有條款，如果日本皇室及國家主權不受任何損害的話，日本即無條件接受《波茨坦宣言》。

通知盟國的正式照會該怎樣發出去呢？如果用電報發，軍方新聞檢察官知道是投降的內容，就有可能扣留，那就會延誤大事。最後決定把照會的英文本透過新聞通訊社國際新聞主編，用摩斯電碼發給美國和歐洲幾個主要國家。8 月 10 日上午 7 時 33 分，美國收到了這個電碼。杜魯門召集國務卿伯恩斯、陸軍部長史汀生等人開會。他問，這是不是可以認為日本已經接受了《波茨坦宣言》？如果是，那麼要不要保

留天皇制？

史汀生向杜魯門建議，日本的天皇是可以保留的，因為保留天皇對美國是有用處的。美國需要天皇的幫助，使分散在各地的日本軍隊盡快投降。而福萊斯特則反對保留，認為這是從無條件投降的倒退。

下午十四時，杜魯門在白宮宣讀了由國務卿草擬的覆文：日本天皇與日本政府對國家的統治權應當隸屬於盟軍最高司令。日本政府的最終形式將依日本人民自由表達的意志建立。日本外相東鄉在研究了這個回文後，認為日本應該接受這個覆文。他相信，根據這個照會的條款，日本的君主政體將得以保留，如果拒絕這個照會，日本就完了。

與此同時，陸軍省少壯派軍官在得知盟軍的覆文後，表示堅決反對。他們衝進阿南的房間，要求阿南拒絕這個覆文。這些青年軍官的發言人是阿南的內弟竹下中佐，他用冷冰冰、惡狠狠的口吻宣布：「擬議中的投降絕不能付諸實施，否則，陸相必須剖腹。」

阿南兩眼直直地盯著他的這位內弟，雙唇緊閉。他心裡明白，他反對鈴木、反對東鄉可以，但他絕不能反對天皇。於是，阿南決定拜訪天皇的三弟，想說服他去改變皇兄的主意。但這位親王讓阿南非常失望，親王直截了當、毫不客氣地對阿南說：「自戰爭以來，軍部的舉動一直在忤逆天皇的旨

日本投降前後的醜態

意，現在依然如此。事態已經發展到了目前階段，還想打下去，是很不合適的。」

8 月 13 日上午，裕仁在皇宮召開內閣閣員、最高戰爭指導會議成員和他的幾位高級政府官員參加的御前會議。在所有的人都坐好後，裕仁用低沉的口氣緩緩地說道：

> 我已經仔細地聽取了反對日本接受同盟國回文的理由。不過，我仍持己見──戰爭拖下去，徒勞無益。我也研究同盟國的回文中所提條款，得出的結論是，這些條件完全承認了我們自幾天前發出的照會中所表明的立場，我認為這個回文是可以接受的。如果我們繼續打下去，日本就將成為一片焦土，雖然你們中有人認為我們不能完全信任同盟國，但我覺得，迅速、和平地終止戰爭總比看到日本被消滅要好。
>
> 我知道，軍隊對我的這個決定勢必感到特別沮喪。陸相和海相也許很難說服他們接受這樣的決定，但我願意到任何地方去解釋我們的這種做法。我希望內閣立即起草終戰詔書。

回到陸軍省，阿南向全體軍官傳達了天皇的旨意。

一名少壯軍官當場發難：「難道閣下忘記了你本人的名言：只有斷頭之將，沒有屈膝之將？」

有人大哭：「與其投降，莫如一死！」

阿南「啪」的一聲把自己佩帶的手槍摔在桌子上，吼道：「聖斷已下，只有服從。誰要是不服從，就請先殺我！」

8月15日中午11時30分，日本廣播協會的那座乳白色的大樓周圍站滿了衛兵，三步一崗，五步一哨，戒備森嚴。日本天皇裕仁投降的詔書錄音送到了這裡。接近正午，日本舉國上下都在關注著這一時刻，他們都在恭候著天皇的聲音。此時此刻，東京的日常生活已經全部停頓下來，人們都聚集在收音機旁收聽廣播。十二時整，收音機裡傳來日本國歌，稍後，傳來裕仁低沉而緩慢的聲音：

> 朕深鑒於世界之大勢及帝國之現狀，欲以非常之措施收拾時局，茲告爾忠良之臣民：朕已命帝國政府通告美、英、中、蘇四國，接受其聯合公告……

「國家神風團」發動政變抵制

1945年8月15日，日本將要在這一天宣布無條件投降。然而，在日本國內，反對投降的青年軍官竟然想用政變的方法來推翻裕仁已經作出的投降決定 —— 特別是要殺死裕仁身邊的幾個主降的大臣。

這天凌晨四時，由警備隊司令佐佐木大尉率領的所謂「國家神風團」敢死隊三十多人，乘著卡車在夜幕中由橫

日本投降前後的醜態

濱向東京疾馳。這夥人殺氣騰騰，揚言要殺死國家之「叛逆」。他們的第一個目標就是總理大臣鈴木貫太郎。

「國家神風團」到達首相府後，佐佐木命令把兩挺機槍架好，對準首相府便開始掃射。打了一陣後，佐佐木帶人衝進首相府。他們來到值班室，警衛早已經逃跑了。他們在走廊裡見到一位支持他們的警衛，這名警衛告訴佐佐木，鈴木現在不在首相府，而是在丸山的家中。佐佐木感激地握住對方的手，稱日本不會投降，日本不會被出賣。隨後，佐佐木叫人搬來汽油，他大聲叫喊道：「燒，燒，燒掉首相府！」

幾個士兵把汽油倒在地毯上，佐佐木掏出打火機，把手帕沾上汽油點燃，然後扔向地毯。大火呼呼地燃燒起來，首相府頃刻之間就被大火吞噬。「國家神風團」敢死隊的這夥人此時又跳上卡車，向丸山鈴木的私宅衝去。

一陣急促的電話鈴聲吵醒了正在酣睡的鈴木肇，他是總理大臣鈴木的兒子。鈴木肇抓起電話沒好氣地問：「誰？半夜三更來電話？」

話筒裡傳來首相府警衛官山口的聲音：「情況緊急。有一夥叛亂分子襲擊了首相府，使用了機槍、手榴彈，還放火燒了首相府。他們現在正坐卡車向首相私宅開去，快告訴總理，趕快離開私宅，危險！他們就要到了，趕快離開！」

鈴木肇大吃一驚，顧不了許多，衝進父親的房間，拉起

床上的父母，連衣服都沒來得及穿好，便急急忙忙奔下樓，與司機一起跑向停在小巷裡的汽車。

可是越亂越出錯，汽車怎麼也發動不起來，急得司機一頭大汗。鈴木肇知道，叛軍的卡車很快就會到達這裡，他跳下車，喊來了幾名值班警衛，讓他們上來幫助推車。在十多名衛士的幫助下，汽車終於發動了。

鈴木的車子剛剛開上公路，迎面開過來一輛大卡車，車上的士兵舉著手中的槍，瘋狂地揮舞著。鈴木肇緊張地讓家人扭過臉去，以免被認出。佐佐木率領的「國家神風團」敢死隊，與鈴木的車擦身而過。鈴木逃過了一劫。

儘管陸相阿南一再告誡陸軍省的青年軍官們要保持克制，不可有違聖上的叛亂，但是，處於瘋狂狀態的軍官們怎能聽進無力的勸告？一批少壯軍官串通起來，他們要用武力除去內閣中的主降派，迫使天皇接受他們繼續戰爭的要求。

要想進入皇宮，實現這樣的目標，就要首先取得近衛師團長官森赳將軍的支持，因為他負責皇宮地區的守衛任務。如果得不到森赳的支持，就要與其產生對峙，那樣，行動就會失敗。

15日凌晨一時多，參與反叛的井田中佐來到森赳將軍的寓所，想勸說這位將軍支持他們的行動。森赳將軍沒有答應他，說他已經發誓要遵從天皇的聖斷，所以，不能違抗。

日本投降前後的醜態

這時，井田被近衛師團的參謀長叫到另一間辦公室。就在這時，反叛軍官上原重太郎大尉和中健次少佐來到這裡，與森赳將軍沒說幾句話，就發生了爭執。森赳將軍和他在場的內弟白石中佐被槍殺。事已如此，反叛軍官們的政變只有提前了。

中健少佐立刻著手發布《皇家近衛師團第五八四策略命令》，蓋上師團長的印章後，將命令迅速發布出去了。這時，皇宮已經被叛軍包圍並占領。

此時的叛軍軍官已經有些失去理智，他們衝進皇宮，到處搜尋裕仁天皇的投降詔書的錄音。然而，他們沒有得逞，在偌大的皇宮裡尋找一個錄音，簡直是大海撈針。

早晨 5 時 10 分，日本東部軍田中大將決定親自到近衛師團去平定這場叛亂。他率領副官等人來到近衛師團司令部，他已經得知占領皇宮的部隊是近衛師團第二聯隊，於是，他首先來到近衛師團第一聯隊。這時，第一聯隊全體官兵正全副武裝，準備開往皇宮，見到田中大將的汽車開過來，聯隊長渡邊大佐急忙跑過去，立正敬禮。

田中問：「給第一聯隊的作戰命令是由誰下達的？」

渡邊回答：「是石原少佐。」

「他人現在在哪裡？」

「就在隔壁房間。」

「傳他進來！」

石原臉色蒼白，雙唇緊閉，來到田中面前。

「你好大的膽子！」田中吼叫道，「你身為皇軍軍官，竟然敢違抗聖命！」隨後吩咐道，「把他抓起來，交給軍事法庭！」

石原筆直地站著，他明白這次政變失敗了，他是第一個被捕的反叛軍官。

逮捕了石原後，田中立刻打電話給已經占領了皇宮的第二聯隊隊長八賀大佐，命令八賀立刻去迎接他。田中的汽車徑直開到緊閉的黑色大門前面，此時大門已經打開，田中來到時，八賀已經在此等候了。八賀見田中的車子開來，忙跑過去向田中敬禮。田中嚴肅地向八賀命令道：「《第五八四命令》是假的，森赳將軍已經死了。從現在起我親自指揮皇家近衛師團。現在，我命令你馬上率領你的部隊撤離皇宮。」

「是。」八賀立刻帶出還在搜尋錄音的士兵們。

時間已經臨近中午，天皇的詔書就要播出了。此時的皇宮外的草坪上，石原少佐用槍殺森赳將軍的手槍對準了自己的太陽穴，扣動了扳機。在他的不遠處，中健少佐高高舉起了武士刀，刺進了自己的肚子。

日本投降前後的醜態

▌「護皇應變詔書」受到輿論譴責

　　1945 年 8 月 15 日這一天，廣播裡傳出了日本天皇裕仁宣讀的《停戰詔書》。然而，歷史的事實是，在日本向盟國發出無條件投降的照會以後，1945 年 8 月 15 日這一天的早上 8 時，中國、美國、英國和蘇聯就在各自的國家播放了各國領導人的講話，就是宣布日本已經投降。

　　而日本天皇的詔書只能在這一時間之後來廣播。但是，在裕仁的所謂《詔書》播出後，全世界一片譁然。憤怒的人們向日本發出了強烈的譴責。

　　無奈之下，日本天皇只好在 9 月 2 日，日本在投降書上簽字的當天，再一次向世界人們發布了他的第二個《詔書》，而這個詔書才有了一些真正的投降意味。我們平時常看到、聽到最多的所謂《詔書》，是日本天皇在 1945 年 8 月 14 日錄製，8 月 15 日中午對外廣播的《詔書》，也就是被盟國拒絕，對外有效力的《詔書》。內容是：

> 　　朕深鑒於世界之大勢及帝國現狀，決定採取非常措施，以收拾時局，茲告爾忠良臣民：膚已飭令帝國政府通告美、英、中、蘇四國，接受其聯合宣言。
>
> 　　蓋謀求帝國臣民之康寧，同享萬邦共榮之樂，斯乃皇祖皇宗之遺範，亦為朕所拳拳服膺者。
>
> 　　往年，帝國所以向美英兩國宣戰，實也出於希求帝國之自存與東亞之安定，至如排斥他國主權，

侵犯其領土，固非朕之本志。但自交戰以來已四載，儘管陸海將士勇敢奮戰，百官有司勵精圖治，一億眾庶克己奉公，然而戰局未能好轉，世界大勢也於我不利。加之，敵方最近使用新式殘酷的炸彈，使無辜國民慘遭殺傷，殘害所及，殊難估計，如仍繼續交戰，不僅終將招致我民族之死亡，且將破壞人類之文明。

如此，則朕將何以保全億兆之赤子，陳謝於皇祖主宗之神靈？此朕所以飭帝國政府接受聯合公告者也。

朕對於始終與帝國為解放東亞而努力之諸盟邦不得不表示遺憾。念及帝國臣民之死於戰陣、殉於職守、斃於非命者及其遺屬，則五內如焚。

對負戰傷、蒙戰禍、損失家業者之生計，朕至為軫念。帝國今後之苦難固非尋常，朕深知爾等臣民之衷情。然時運所趨，朕欲忍其所難忍，以為萬世之太平計耳。

朕於茲得以維護國體，信賴爾等忠良臣民之赤誠並常與爾等臣民同在。如情之所激，妄滋事端，或同胞互相排擠擾亂時局，因而迷誤大道，失信於世界，此朕所戒。宜舉國一致，子孫相傳，確信神州不滅，念任重而道遠，傾全力於建設未來，篤守道義，堅定志操，勢必發揚國體之精華，不致落後於世界之進化。爾等臣民其克體朕意。

昭和 20 年 8 月 14 日

137

日本投降前後的醜態

　　仔細閱讀這個《詔書》，就會發現它有很多讓人無法接受的謬誤。「八‧一四《詔書》」的內容性質究竟是什麼？這是一個應引起重視，有必要仔細弄清楚的問題。國內對該詔書的叫法不盡相同，有叫做「停戰詔書」的，有稱為「終戰詔書」的，還有的直接稱作「投降詔書」。但是，幾種叫法都一樣地把詔書的內容性質概括為「宣布日本無條件投降」。這種概括很不準確，模糊了「八‧一四《詔書》」內容的實質，即護皇應變、頌揚侵略、謀圖軍國之再起。這種概括還麻痺著國人對日本法西斯侵略哲學的警覺。

　　讓我們簡述一下《詔書》的背景，並仔細審讀一下它的內容。

　　該《詔書》是日本高層文祕與內閣官員，甚至日皇裕仁也親自參與的集體作品。1945 年 8 月 10 日黎明，即裕仁就有條件接受《波茨坦宣言》，也就是有條件接受投降的第一次「聖斷」剛剛結束，有關《詔書》的起草工作就已經開始動筆了，用了三個夜晚才正式脫稿，並曾經祕密交由著名漢學家對文字進行校訂，再按日皇及內閣的意見進行修改，最後才定此稿。

　　十四日正午，裕仁做出第二次「聖斷」—— 在無條件接受《波茨坦宣言》及向中、美、英、蘇四國發出投降照會後，緊接著辦了三件事，首先由大本營向軍隊拍發「遵從聖

斷」的命令；二十二時，裕仁在議會宣讀《詔書》，同時由政府向盟國發出無條件投降的照會。

這一過程告訴我們，《詔書》的基調是第一次「聖斷」的精神，因為《詔書》並不屬外交文件，所以在第二次「聖斷」後並無改動，也就是說，向盟國明確表示無條件投降的態度，是交由政府的外交照會來辦的，《詔書》的用意更多更深。在研究中我們會發現，《詔書》是那般精雕細琢，所用詞語是非常講究和精煉的。我們對它絕不可以粗心大意對待，而應該認真地、仔細地剖析它的真正主題和深遠用意。

在《詔書》的開始，便自稱「朕」，「爾等忠臣良民」，尊卑分明，慣例依舊，純屬日本國內的特殊公文形式，就是專為天皇發號施令準備的格式之一。《詔書》的頒布和錄音廣播，都是日本國內的事情，並沒有當做外交公文送達中、美、英、蘇四國。

《詔書》中通篇沒有一個類似於「降」、「敗」之類的詞語，分明貫通一個用詞原則：諱言「降」字。對投降之事，以只可意會，不可明言的態度處理，極精簡而淡化地講了一句：「朕已飭令帝國政府通告美、英、中、蘇四國，接受其聯合宣言。」投降內容成了隱含的潛台詞。

《詔書》不說「投降」，連「戰敗」也不說，只說採取非常措施，「收拾時局」。

日本投降前後的醜態

　　《詔書》這種態度至少反映出兩層意圖：一是維護天皇的面子，因為日本有「生不受俘虜」的聖諭律令；二是以「內外有別」，兩副面孔的態度，以外交照會向中、美、英、蘇宣告無條件投降；同時以《詔書》向日本軍隊和國民做思想政治工作。第二層意圖尤為重要。

　　在《詔書》中，通篇對日本發動的侵略戰爭沒有半點悔意，反倒仍在頌揚日本法西斯侵略暴行，把侵略目的辯護為「求帝國之自存與東亞之安定」，「解放東亞」。這些詔告，正被今天日本右翼勢力重複鼓吹。

　　面對已經戰敗的局勢，日本人的心中是何等地不願接受，在《詔書》中沒有任何承認戰敗的文字。本來草稿中先寫的一句「戰勢日非」，定稿時還根據陸相阿南的執拗主張做了修改，改成「戰局未能好轉」。

　　從《詔書》中我們可以看到，日本死不認輸的邏輯是：之所以現在投降，並非因為日本現在已經戰敗，而是因為預見到「如仍繼續交戰，不僅終將招致我民族之滅亡，且將破壞人類之文明」。

　　明明是日本戰敗，明明是日本破壞人類文明在先，遭到世界人們共同討伐、欲毀滅之在後，反而顛倒黑白說成日皇是為了挽救人類之文明而接受聯合公告，似乎是一份在沒有失敗的情況下接受公告的「文告」，連日本也有學者以批判

態度指出這份詔書通篇找不出一句「敗了」的話。

更有甚者，《詔書》繼續頑固地仇視和輕蔑中國。《詔書》中寫道：「自交戰以來已四載」。什麼意思呢？

就是日本根本不承認「九一八」以來的十四年中日戰爭，也不承認「七七事變」以來的八年中日戰爭，而只承認「向美英兩國宣戰」以來這短短的四年。此種說法的意思是詔告日本國民，所謂「收拾時局」，就是收拾向美英兩國宣戰以來的四年戰爭的時局。

日本早就公開否認有抗日的中國政府和中國軍隊。自占領南京以後，日本就宣布不再將中國國民政府作為對等的對手，說中國國民政府已成為「地方政府」，尤其在扶持汪精衛偽政權登台以後，所有官方文書、大本營軍令，都把南京汪偽傀儡政府稱為「中國政府」，把偽軍稱為「中國軍隊」，而離間分化地把中國抗日軍隊稱為「重慶軍」、「蔣系軍」、「延安軍」、「中共軍」。這等於說，抗日的中國已經滅亡了，只有與日本親善的汪偽「中國政府」存在，日軍只是在與抗日的地方軍隊作戰。顯而易見，就是在戰敗投降之時，以《詔書》形式公布出來的日本對中國之心態，依然是傲慢和輕視。日本這種欲亡中國而不能，便閉目囈語以自欺的心態，在《詔書》中暴露無遺。《詔書》還大念「忍」字經，對於因發動侵略戰爭而給其他國家人民造成的劫難，

日本投降前後的醜態

沒有一絲一毫的罪己自責，反而為被迫放下屠刀後的處境，大講「忍其所難忍」。

「忍」什麼呢！忍，就是心中不服，無奈之選擇，說白了，就是不得不如此，而並不是覺得應該如此。日本至今未能效學德國有所反省，公開道歉，《詔書》中的「忍」字經是起著很大的作用的。

《詔書》逐層深入之後，亮出中心主題：詔告臣民對天皇保持「赤誠」，「維護國體」，「勢必發揚國體之精華」。而且要將此誓言「子孫相傳」。所謂國體之精華是何物？分明指的是天皇統治，是武士道，是日照神道。這一中心主題，就是天皇統治的根本。由於中、美、英、蘇四國 8 月 11 日致日本的「覆電」中提出「從投降時刻起，天皇及日本政府統治國家的權力隸屬於盟軍司令部」，「日本政府的最終形態，根據波茨坦宣言，將依日本國民自由表示之意志建立」。

也就是說，日本天皇在日本投降後，即將被剝奪皇權，暫留皇位，以後前途未定，有待國民選擇，所以，天皇趕緊利用頒布《詔書》的機會，使用「誓必」的重詞，詔告臣民「發揚國體之精華」，其謀劃之深遠，非同一般。對於如此《詔書》，有學者指出，其實質就是「諱言戰敗，諱言投降，頌揚侵略，輕蔑中國，大念忍經，發誓要發揚天皇國體的『精華』，是一篇十足的「護皇應變詔書」。

　　所以，「八·一四《詔書》」一廣播，其內容大大出人意料，自然受到輿論譴責，無奈，在盟軍總部的安排下，裕仁被迫於 1945 年 9 月 2 日，即東京灣簽降的當天，又發表了「九·二《詔書》」，一份真正意義上的「投降詔書」。原文是：

　　　聯業於受諾昭和二十年 7 月 26 日美國、中國、英國三國政府之首腦於波茨坦發表，而後且由蘇聯參加之宣言所揭載之各款項，對於帝國政府及大本營於由聯合國最高司令官指示之降伏文件，代朕簽字。
　　　且根據聯合國最高司令官之指示公布對陸海軍之一般命令，朕命令朕之臣民速停敵對行為，放棄武器，著實履行降伏文件之一切款項，及由大本營公布之一般命令。

　　　　　　　　　　　　　　　昭和 20 年 9 月 2 日
　　　　　　　　　　　　　內閣總理大臣各國務大臣

　　日本天皇裕仁終於公開發表俯首投降的《詔書》。而這一天是 1945 年 9 月 2 日。前後兩份詔書，可見日本人之心態，可見日本天皇裕仁內心之齟齬。對比德國投降，其從內心深處發出的懺悔，以及後來德國得到世界人民的諒解，日本是無論如何也學不來的，因為他們的內心深處永遠埋藏著那揭不去的劣根。戰後已經七十多年，日本《大本營陸軍部》等史書隻字不提「八·一五《四國公告》」，不提「九·

日本投降前後的醜態

二《詔書》」，卻竭力提高「八‧一四《詔書》」及「玉音廣播」的地位，稱之為「戰爭終結之詔書」，把第二次世界大戰終結的大功放到裕仁頭上，可惡可笑。

他們似乎忘記或者故意裝做不明白究竟誰是真正主宰第二次世界大戰東方戰場戰爭的終結者？是中、美、英、蘇四國公告，主宰了戰爭的終結。不僅如此，它也主宰了對日本無條件投降的有效宣布。

不要忘記，對敵國的投降表示，審查真偽，核對目標，主持有效的宣布，下達雙方停戰命令，結束戰爭，乃是戰勝國的權利、榮譽和力量的顯示。日本無條件投降，是中、美、英、蘇四國在同一個時刻共同宣布的。它是在 1945 年 8 月 15 日早上的 7 時，在中國的重慶，美國的華盛頓，英國的倫敦，蘇聯的莫斯科同時由國家首腦宣布的。

至於日本《詔書》的廣播，它相隔四國公告整整晚了四個小時。戰爭已停止四個小時，再由日皇來廣播「終戰」，豈不是笑話？

《詔書》的廣播只能是在投降之後，盟軍占領來不及到位的時候，做最後一次皇權的示威罷了。因為日皇裕仁有能耐和神通下詔發動侵略戰爭，但是，戰爭怎樣進展，怎樣終結，可就由不得他了。他連「發表」和「宣布」投降的資格都沒有。「八‧一四《詔書》」，其實就是日本天皇美化侵

略，逃避罪責，妄圖「東山再起」的歷史罪證，可笑有些別
有用心的人，想以此為砝碼來抬高日本天皇當年的作用。

美國保留日本天皇居心叵測

　　1943 年 11 月，中、美、英舉行的開羅會議明確宣告，
中、美、英對日繼續作戰「直至日本無條件投降」。為什麼
到日本正式投降之日，無條件變為有條件，廢除軍國主義的
日皇體制變為保全日皇裕仁的地位呢？

　　要解答這兩大問題，得從頭說起。日皇裕仁於 1945 年 6
月 22 日召集重臣及軍方首腦，面諭開始講和工作。當時日本
的敗局已定，裕仁寄望於蘇聯出面「調停」，交戰雙方達成
「榮譽的和平」。當時的蘇聯對日本來說還是個中立國，並且
曾和日本簽訂過中立條約，但是已於 1945 年 4 月 5 日宣布廢
除此約。

　　7 月 27 日，日本駐蘇聯大使佐藤第二次奉命請求蘇聯出
面調停時，中、美、英向全世界播放了《中、美、英三國促
令日本投降之波茨坦宣言》。

　　其主要內容為：

　　　　日本政府應立即宣布無條件投降；《開羅宣言》
　　的條件必須實施，日本的軍隊必須完全解除武裝；
　　日本軍國主義必須永遠剷除；日本戰犯將交付審

日本投降前後的醜態

判，阻止日本人民民主的所有障礙必須消除；不準
日本保有可供重新武裝的工業。

《波茨坦宣言》還警告日本政府，如不接受上列條件，
日本將面臨迅速而完全的毀滅。日本內閣於 8 月 3 日開會，
通過了一項決議，即「日本目前所應採取之唯一方策，即為
接受波茨坦宣言」。但軍部仍在內部鼓動少壯派準備本土決
戰，對內閣參議會置之不理，裕仁天皇也在請求蘇聯出面
調停。

日本政府正在盼望不久有好消息從莫斯科傳來之時，聽
到的卻是美國在廣島投下第一枚原子彈的爆炸聲。廣島全市
頓成廢墟，居民死傷無數。裕仁至此決心從速結束戰爭，因
此更焦急地等待蘇聯的覆音。

佐藤八日得到的答覆卻是：蘇聯當天對日宣戰。8 月 9
日，美國扔下了第二枚原子彈，長崎居民死傷無數。

8 月 10 日，裕仁在御前會議決定，在不改變日本體制的
前提下，接受《波茨坦宣言》的條件，當天瑞典政府受日本
委託把這個決定轉告中、美、英、蘇四國。

8 月 12 日，美國以公開廣播的形式答覆日本，其內容
為：「自投降之時起，天皇及日本政府之國家統治之權限，為
實施投降條件起見，應置於採取其必要措施的盟軍最高司令
官限制之下。」

　　美國這樣答覆就等於同意不廢除天皇，而只是使他的權力在必要時受制於盟軍最高統帥。這完全違反了《波茨坦宣言》中兩大受降條件：日本軍國主義必須永久剷除，日本戰犯將交付審判。

　　為什麼美國對日政策來了一個一百八十度的轉變呢？當時，美國當局雖然知道天皇求和了，但還沒有決心派兵在日本登陸。美軍鑒於打下沖繩島付出的沉重代價和該島軍民至死不降的頑抗精神，擔心盟軍如強行登陸，會遭遇到比在沖繩島頑強得多的抵抗。

　　如果廢除了天皇，日本軍部主戰派一旦不受約束，勢必抵抗到底，日本本土的局勢將難以收拾。華盛頓的決策者就是以此為理由，一反原來的政策，取消廢除天皇的決定，轉而維護裕仁的皇位，但把他放在盟軍司令官之下，利用他在日本人民中的地位以達到「挾天子以令諸侯」的目的。

　　美國此舉是權宜之計，達到了美軍平安進駐日本本土的目的，但從長遠看，是失策。盟國在受降書上，把原定要求「日本國」無條件投降改為「日軍」無條件投降，但事實上進駐日本的美軍也沒有監督日軍無條件投降。日軍參謀本部命令部隊燒毀一切機密文件，僅東京市谷區一地焚燒文件的黑煙瀰漫天空就達三天之久。這樣，日軍毀滅了它在侵略中施行毒氣戰、細菌戰、「三光」政策等罪行的記錄。

日本投降前後的醜態

受降書另一規定：嚴禁日本擁有軍事工業。但是，日本政府和軍部下令把軍需物資「緊急和祕密」地轉為民用，但更嚴重的事態還在後面。盟國原來指定把日本八百五十個軍需工廠作為賠償中、美、英、蘇四國之用，但獨攬統治日本大權的美國竟把這些工廠先後歸還日本政府或私營企業。

1946 年 8 月，中、美、英、蘇、法在巴黎舉行對義大利媾和會議時，與會國有一個共同的想法，即不讓日本再有重工業，以防它重新武裝起來，這和《波茨坦宣言》「不准日本保有可供重新武裝的工業」是一致的。但是，事隔不久，美國又來一次一百八十度的大轉變，不顧盟國的決定，開始扶植起日本重工業。

這是為什麼呢？其後幾年亞太地區發生的戰爭，使答案逐漸明朗化了：原來美國是要利用日本實現其稱霸全球的野心。

▌揭開蒙在裕仁身上的美麗畫皮

我們從現在日本的教科書上，看到第二次世界大戰時期在位的裕仁天皇是一位和善而仁慈的海洋學家、生物學家，他對戰爭沒有任何罪行，甚至熱愛和平，只是不幸充當一名日本軍國主義分子的傀儡。

事實真是如此嗎？由美國歷史學家哈爾伯特·比格斯撰寫的《裕仁傳》一書，揭開了這層蒙在裕仁身上的美麗畫

皮，把裕仁與日本在第二次世界大戰中的血腥罪行聯繫起來並加以重新審視。

哈爾伯特‧比格斯在他這本長達八百頁的作品中，詳細援引了日本和美國保存的祕密材料，包括裕仁生前的一些信件，以及美國國家檔案館有關檔案。經過梳理大量事實材料，比格斯讓人們看到了一個與日本教科書上完全不同的裕仁，一個實際上擁有無上權力和膨脹的個人野心的政治領導人，一個名副其實應對千百萬慘遭殺戮的生靈負責的戰爭罪犯！

裕仁生於 1901 年 4 月 29 日，這個時間正是世界範圍內各個國家的帝制都開始趨於衰落的年代。因此，他從小除了像歷任天皇那樣被灌輸以天賦神權的觀念外，還被反覆教誨要竭力鞏固皇權。他從八歲起就開始接受軍事訓練。

裕仁本人的愛好在生物研究，即位後，他在皇宮裡設立了生物研究所，陳列了六萬多種植物標本，並出版過十七本這類書籍。因此，日本才在世人面前極力宣傳裕仁只是個生物學家，並把每年裕仁的誕辰 4 月 29 日定為日本的「綠節」，以顯示裕仁在生物學上的貢獻。

然而，事實是不會被永遠埋沒的。至 1920 年代末 1930 年代初，裕仁與日本陸軍強硬派結盟，拚命削弱政府的黨派內閣制。正是靠他撐腰，日本軍方最終得以順利地擊倒日本各民主政黨，並推行野心勃勃的軍國主義體制。

日本投降前後的醜態

　　緊接著，裕仁開始推行以天皇為核心內容的反民主思想，對反對派人士和任何敢對天皇權力提出質疑的人進行無情打擊。

　　日本的民主力量本就很脆弱，遭到打擊後就更加「弱不禁風」。在削弱民主力量的過程中，裕仁自己的地位──特別是他在日本軍隊中的地位卻日益得到加強，裕仁成為日本軍隊最高指揮官，從而成為實權在握的至高無上的日本元首。

　　他有任免日本陸海空三軍將帥和政府首相及內閣大臣的權力；日本軍方將領可以繞開政府內閣，直接對天皇負責；裕仁和幾個少數的幕後權臣對日本國策的制訂有決定性的權力。

　　至第二次世界大戰時期，裕仁實際上已經是這個國家政治制度的核心。

　　根據《裕仁傳》中所述，裕仁應對侵略中國的暴行負直接的責任。

　　1931 年，日本侵占了中國的東三省，裕仁在他致侵華日軍的密詔中下令日本侵略軍「向前推進」。

　　1937 年，侵華日軍對中國發起全面侵略，裕仁親自向日本將領們建議說：「在要塞地區集中大量兵力實施壓倒性的打擊不是更好嗎？」

　　幾個月後，侵華日軍便製造了導致中國三十萬軍民慘遭殺害的南京大屠殺。

　　在侵略中的一步步進逼的過程中，裕仁並非別無選擇，但他卻毫不猶豫地選擇了支持，甚至重賞日本軍隊對中國的侵略。

　　按照裕仁御詔，侵華日軍「視所有十五歲以上、六十歲以下的中國男子為我們的敵人」，「我們的敵人經常扮成當地的老百姓」，因此這些中國平民都應該被殺掉。在這場戰爭中，至少有幾百萬的中國平民慘遭殺害。

　　另外，在長達八年的中日全面戰爭中，成千上萬的中國士兵被日軍俘虜，但到 1945 年日軍投降的時候，卻只發現了五十六名中國戰俘！裕仁對所有這些中國平民和戰俘遇害都應該負直接的責任。

　　日本偷襲珍珠港，太平洋戰爭爆發。

　　當時有許多美國史學家們都曾經認為，當時美國羅斯福政府的種種措施使得日本沒有更多的外交選擇。因此，裕仁對太平洋戰爭的爆發是否應該承擔責任還說不清楚。

　　比格斯在《裕仁傳》中用事實指出，裕仁應該對太平洋戰爭的爆發負直接的責任。正是裕仁一步一步地推進了偷襲珍珠港事件，將日本拖入了太平洋戰爭的深淵。

　　比格斯在書中寫道：

日本投降前後的醜態

　　坐在皇宮寶座上，裕仁默默地看著他的大臣們在制訂戰爭計劃，軍方將領們也在估算計劃的成敗。首相終於開口說話了：「只要陛下您一聲令下，我們都將努力為國效忠！」

天皇點頭表示同意！

這次會議結束後不久，日本便進入了「X日」（日本發動太平洋戰爭的代號），在接下來的一週，裕仁不斷地和參謀機構的負責人會面，不斷接到各入侵部隊進入前線陣地的報告。

1941年12月7日，日軍偷襲了珍珠港，當偷襲得逞的消息傳到東京時，天皇的一位助手在日記中寫道：「天皇穿上了海軍軍服，看上去心情非常好！」可見其興奮程度。

原子彈在日本的廣島和長崎爆炸，給日本帶來滅頂之災。雖然日本是罪有應得，但對於日本無辜的百姓來說，這個災難應該歸罪於裕仁 ——這個日本臣民的天皇。

第二次世界大戰末期，裕仁有過許多結束戰爭的機會，但他為了使日本皇室逃脫戰爭的罪責，保住自己的天皇寶座，便拚命想拖延戰爭結束的時間，甚至想逃脫日本「無條件投降」的命運，盤算著如何「退出戰爭」的策略。

裕仁打的如意算盤是：希望能說服當時還沒有對日本宣戰的蘇聯當中間人，一方面透過談判來結束戰爭；一方面又

能保住自己的天皇寶座。裕仁因此遲遲不肯宣布日本無條件投降，以至於美國向日本投下了原子彈。

《裕仁傳》中說，當日本已窮途末路之際，裕仁及其部分顧問甚至「歡迎」美國向日本投擲原子彈和蘇聯介入戰爭，因為這樣一來可以為裕仁炮製日軍投降找到「完美的理由」，還能讓他以「為國家帶來和平曙光」為由平息當時日本國內對帝制的不滿情緒，以期保存天皇制。

可見，裕仁正是為了保住自己的皇位，才不惜犧牲成千上萬日本百姓的性命。因此，裕仁應該對日本遭到核打擊負責。

戰爭結束後，裕仁卻換了一副樣子，在照片中，個頭不高、身穿條紋褲子和彆腳禮服的裕仁站在麥克阿瑟面前，臉上的表情讓人覺得很無辜很可憐。但這只是日本政客與麥克阿瑟的合作「包裝」而已，其目的就是要渾水摸魚逃脫懲罰罷了。

日本和美國之所以把裕仁天皇形容成傀儡，是因為他們各有所圖。

日本政客們想保住裕仁是因為天皇被視為日本民族的精神支柱。為了能鼓起日本人的精神進行戰後重建，走出戰敗的陰影，最終重新走上強國的道路，日本的保守政客們一致決定無論如何都要保住裕仁和天皇體制。

日本投降前後的醜態

美國庇護裕仁天皇，甚至幫助裕仁逃脫戰爭審判，則主要是出於美國人自己的利益考慮。美國人擔心對裕仁按戰犯罪加以處罰的話，日本國內民眾可能因此而產生騷亂。

而如果放過裕仁，那麼單獨出兵「占領」和「主管」日本的美國，可以憑藉天皇的招牌來實現「挾天子以令諸侯」，更方便地控制日本。

比格斯在書中批評了美國對日本天皇的包庇態度。

他說，戰爭結束後，裕仁對往事不思悔改，他根本沒有意識到他個人對日本在國外的侵略行為所負的責任，從未承認過犯有戰爭罪。美國蓄意對本國人民和世界其他國家的人民隱瞞了裕仁的戰爭責任問題。

比格斯揭露道，由於國際形勢的變化，美國很快改變了策略，把開羅會議上決定的「徹底剷除日本戰爭根源」政策轉為扶植日本反共反蘇的右翼勢力。美國出於對本國利益的考慮，在審判日本戰犯時授意一些重要戰犯「夾」供，隱瞞了關於裕仁的犯罪部分，使裕仁最終逃脫了正義的審判。

半個多世紀後再回顧歷史，不難看出，正是由於放過裕仁，使得日本的軍國主義難以斬草除根。天皇在日本是至高無上的，裕仁的言行可以說是日本人的最高信條。

裕仁不僅沒有作為戰犯受審，而且還給戰爭的性質歪曲地定了框框。這就給日本人民造成了一種錯覺，好像日本既

不是侵略別國，也沒有被打敗而投降似的。這為後來日本從政治上認識戰爭的本質起了很大的誤導作用。

比格斯在《裕仁傳》序言中曾寫道：「裕仁天皇絕非如同英國那樣只是憲法上的君主，而是日本不折不扣的最高元首，應該對日本的軍國主義和日軍在第二次世界大戰中犯下的滔天罪行負直接或者間接的責任！」

美國麻省理工學院的歷史學教授道爾認為，裕仁天皇的真實面目因此書而大白於天下，他在第二次世界大戰中發揮了非同一般的作用，許多西方人對此聞所未聞，原因是第二次世界大戰結束後有人極力對此進行掩蓋。

比格斯指出：「因為裕仁一直沒有對戰爭負責，日本作為一個國家同樣也沒有承擔責任。許多與戰爭有牽連的日本人認為既然天皇沒有責任，他們自然也就沒有任何罪過了。」

2000 年 12 月 12 日，來自美國、英國、阿根廷、肯尼亞的法官、法律學者和人權工作者組成的「侵害女性權利國際戰犯法庭」，經過三天的審理，對來自中國、東帝汶、印尼、馬來西亞、荷蘭和日本的檢察官所提供的證據和七十五名倖存的受害者提供的親身經歷以及歷史學者、日本老兵的證言做了充分的聽證。

審判團根據充分的犯罪事實和法律依據，在日本青年館作出判決，認定裕仁天皇和其他高級軍政官員支持、縱容和

疏於阻止日軍在第二次世界大戰中對被征服的亞太國家和地區的女性實施強姦和性奴隸，犯有反人道罪，日本國違反了國際條約義務和國際習慣法，負有國家的責任。

當首席審判官麥克唐娜宣布這個判決時，在場的一千名聽眾爆發出長時間的掌聲。

因此，把裕仁定為戰爭的元凶是非常恰當的。歷史的真相不容掩蓋，並終將大白於天下。

▌受審戰犯為何能逍遙法外

1945 年 12 月 16 日至 26 日，蘇、美、英外長在莫斯科會議中決定，駐日盟軍最高統帥應採取一切必要措施，實施《波茨坦宣言》的日本投降條件，包括懲辦日本戰犯。

根據 1943 年 12 月一日《開羅宣言》、1945 年 7 月 26 日《波茨坦宣言》、1945 年 9 月 2 日《日本投降書》和 1945 年 12 月 26 日盟國授權麥克阿瑟將軍於 1946 年 1 月 19 日頒布的《特別通告》和《遠東國際軍事法庭憲章》，盟國決定在東京設庭審判日本首要戰犯。

對於戰爭罪犯進行審判的決定還在第二次世界大戰進行之時，反法西斯盟國便多次聲明要嚴懲戰爭罪犯，追究戰犯責任。

歐戰結束後，1945 年 8 月 8 日，蘇、美、英、法在倫敦

簽訂了《關於控訴和懲處歐洲軸心國主要戰犯的協定》及其附件《歐洲國際軍事法庭憲章》。1945 年 11 月，歐洲國際軍事法庭在紐倫堡開庭，開始對德國法西斯首要戰犯進行審判。在這次審判中，有十一人被判處了絞刑，執行了十人，戈林因服毒自殺未執行，九人被判處長期監禁。

　　盟國認為，日本戰犯也應受到與德國戰犯同樣的處理。《波茨坦宣言》中曾鄭重指出：「我們無意奴役日本民族或消滅這個國家，但對於戰爭中的人犯，包括虐待戰俘者在內，都必將追究法律責任，並予以嚴厲制裁。」

　　1945 年 9 月 11 日，日本前首相東條英機等三十九名戰犯被逮捕。

　　11 月 19 日，小磯國昭等十一名戰犯被捕。

　　12 月 2 日和 16 日，平沼騏一郎、廣田弘毅、木戶幸一等六十八名戰犯被捕，被關押在東京巢鴨監獄候審。

　　中國、蘇聯、美國、英國、法國、荷蘭、菲律賓、加拿大、紐西蘭和印度十國各派出一名法官，澳洲的韋伯為首席法官，美國的約瑟夫‧凱南為首席檢察官。《遠東國際軍事法庭憲章》規定，被告有權選擇辯護人，但法庭可隨時不承認其選擇的辯護人。被告中沒有日本國家元首、三軍最高統帥裕仁天皇。

　　關於國家元首應對發動侵略負刑事責任問題，第一次世

日本投降前後的醜態

界大戰後對德皇威廉二世的處理已有先例。《歐洲國際軍事法庭憲章》也明確表示：「被告之官職及地位，無論是國家元首或政府各部門負責官吏，均不得為免除責任獲減輕刑罰之理由。」

但是，美國為了在日本能有效地進行管理，避免美國人在日本島內受到攻擊，於是在《遠東國際軍事法庭憲章》中迴避了國家元首的責任問題。憲章中只說：「被告無論何時期內之官職及地位」，均不能免除罪責，有意刪除了「國家元首」字樣。這為後來日本右翼分子拒絕承認侵略埋下了伏筆。

在 1945 年 12 月 6 日，遠東國際軍事法庭美國小組一行十六人離美赴東京之前，凱南對美國報界表示，他認為裕仁天皇顯然應該受到審判。登上飛機後，凱南收到杜魯門總統的一封信，信中指示凱南不得對裕仁和任何皇室成員起訴。總統採納了駐日盟軍最高統帥麥克阿瑟的意見而作此決定。麥克阿瑟認為，從美國的利益和占領日本的政治需要出發，不得以戰爭罪起訴天皇。東京法庭首席法官韋伯曾向報界發表個人意見：「天皇在開戰問題上起了巨大作用，但他卻被免予起訴……毫無疑問，免除對天皇的審判是基於同盟國所有成員國的利益而作出的決定。」

法國出席遠東國際法庭審判的代表亨利‧貝爾納說：「不可否認，宣言的一個主要禍首逃避了一切訴訟，不管怎麼

說，出席的被告只能被視為同謀犯。」

由於美國人只為自身考慮，判決的結果是：皇室成員、日本侵華部隊的司令官朝香宮鳩彥親王未被列入被告名單；為中國人民所深惡痛絕的侵華戰犯岡村寧次也逍遙法外；在中國進行了種種駭人聽聞的殘酷試驗的日本「731 細菌部隊」司令官石井四郎也不在被告之列。

1946 年 4 月 29 日，對東條英機等二十八名被告正式起訴。5 月 3 日，東京國際遠東軍事法庭正式開庭。

法庭設在原日本陸軍省會議廳，庭長室設在東條英機原來的辦公室裡。由於中國法官梅汝璈據理力爭，法官座次除首席法官外，按日本投降書受降國簽字順序美、中、英、蘇、加、法等排定。審理採用英美法律，分立證和辯論兩個階段。

開庭第一天和第二天，首席檢察官宣讀了長達四十二頁的起訴書，歷數了二十八名被告在戰爭中的罪行，列舉五十五項罪狀，指控他們犯有破壞和平罪、戰爭罪、違反人道罪。

5 月 6 日，全體出庭被告均聲辯自己「無罪」。東條英機說：「對一切訴因，我聲明無罪。」被告方面援引「罪刑由法定」、「無法則無罪」、「禁止事後立法」等法律原則，企圖逃避制裁。

日本投降前後的醜態

　　法庭認為，被告罪行很早以前就被國際法認定。被告辯護方面還強調，戰爭是國家行為，是國家間的現象，主體是國家。國際法只審理主權國家的行為。法庭認為，國家違反條約，發動侵略戰爭，責任總是在個人身上。

　　審理過程中，在涉及中國問題時，中國方面出證的有秦德純、王冷齋和溥儀等人。秦德純和王冷齋主要就日軍挑起盧溝橋事變，發動對北大營攻襲，日軍大肆擄掠的罪行做了揭露。溥儀由蘇聯派人從他所在押的監獄送東京出庭作證，講述了他如何被土肥原從天津劫持到東北，板垣如何指使人毒死其親婦，逼他討娶日婦為後等情況。

　　1948 年 4 月 16 日，法庭宣布休庭，以進行討論，作出最後判決。在討論過程中，法官們在對東條英機等戰犯是否應該判處絞刑的問題上發生了較大分歧。

　　庭長韋伯主張流放，美國法官主張只將發動太平洋戰爭和虐待美軍戰俘的戰犯判處死刑，中國法官要求嚴懲土肥原賢二和松井石根。從這樣一個分歧中可以看出，雖然來自各國的法官都是同盟國的成員，但是，他們所代表的國家利益不同，對待戰犯的判決結果也不同。到最後法庭以六票對五票的微弱多數作出死刑判決。

　　11 月 4 日，法庭開始宣讀一二三一頁的判決書，至十二日宣讀完畢，對二十五名出庭被告判決如下：

- **判處絞刑七人**：土肥原賢二、廣田弘毅、板垣征四郎、木村兵太郎、松井石根、武藤章、東條英機。
- **判處無期徒刑十六人**：荒木貞大、畑俊六、星野直林、木戶幸一、平沼騏一郎、小磯國昭、南次郎、岡敬純、大島浩、佐藤賢二、島田繁太郎、鈴木貞一、松本欣五郎、賀屋興宣、白鳥敏夫、梅津美治郎。
- **判處有期徒刑二十年一人**：東鄉茂德。
- **判處有期徒刑七年一人**：重光葵。

審判過程中，被告前外相松岡洋右和海軍大將永野修身病死，日本侵略理論家大川明因發狂而中止受審，實際出庭被告二十五人。

11 月 12 日，遠東國際軍事法庭閉庭。根據《遠東國際軍事法庭憲章》規定，駐日盟軍最高統帥麥克阿瑟於 1948 年 11 月 22 日批准了法庭的全部判決。然而，麥克阿瑟並未按《法庭憲章》條例立即執行判決，而是將土肥原、廣田、木戶、佐藤、島田、東鄉等人的上訴書遞給了美國最高法院，從而推遲執行了對所有被告的判決。

12 月 6 日，美國最高法院決定接受上訴，定於 1948 年 12 月 16 日著手分析案情。消息傳出，世界輿論大嘩。東京法庭的中國法官梅汝璈指出：「如果代表十一國的國際法庭所作的決定要由某一國的法庭來重新審理，不管它是多麼高級

日本投降前後的醜態

的法院，都當然會使人擔心，任何國際決定和行為都要同樣受到一個國家的重審和改變。」東京法庭的荷蘭法官羅休聲稱，美國最高法院的決定是「令人震驚的錯誤」。一位檢察官批評麥克阿瑟說：「他已超越自己的權限，不會區分遠東軍司令和盟軍司令兩種職責的差別。」

在世界輿論的壓力下，美國司法部副部長致函美國最高法院，指出它無權干涉東京法庭的判決。美國最高法院於 12 月 16 日決定延緩對「上訴書」的審理，最後於 12 月 20 日作出拒絕受理的決定。

遠東國際軍事法庭宣判四十天後，12 月 23 日，東條英機等戰犯在東京巢鴨監獄中被絞死。其餘被判處的戰犯入獄服刑。對這些罪大惡極的日本首要戰犯作出的嚴正判決，受到了世界輿論的歡迎。

由於世界局勢的變化，兩大集團的冷戰已經形成，特別是朝鮮戰爭爆發，美國在亞洲急於尋找反共同盟，因此在對待日本戰犯的態度上有了明顯的變化。1950 年 11 月，重光葵獲釋，後在日本政府內供職。這期間，其他日本在押戰犯也紛紛「宣誓出獄」。這與處理納粹戰犯的結果形成了鮮明的對比。

就在當時，人們似乎沒有注意到，在遠東的另外一個城市──哈巴羅夫斯克，蘇聯政府正在對十二名日本 731 部

隊的醫生和軍官進行審判。對於這次審判，老百姓起初並不熱心。然而，第一天上午的審判剛結束，人們就開始競相轉告，等到下午審判結束後，整個城市都在議論此事了。

人們為什麼這麼關心此事呢？原來，人們是對審判所揭露的事實感到震驚：一批日本一流醫學院的畢業生，為了製造生物化學武器，在受害者身上注入傷寒、霍亂、梅毒等多種病菌，並使之擴散到附近的中國村落⋯⋯

大約有一萬人，就這樣喪生於日本遍布亞洲的二十六個實驗室中，而在生化戰的實地試驗中，估計有二十五萬人喪生，這其中也包括了蘇聯人。

日本的 731 部隊是在昭和天皇的親授御旨之下，專為生物戰爭而於 1930 年代建立的。天皇的弟弟還親臨 731 總部視察，並觀看了中國犯人在一場以活人做試驗的毒氣戰中「行軍」的電影。

戰後，當蘇聯準備審判 731 部隊的戰犯時，麥克阿瑟已祕密赦免了美軍抓到的日本戰俘中的 731 部隊戰犯，條件是幫美國取得 731 部隊生物武器的「科學研究成果」。

當有證據顯示美國的飛行員在被俘後也成了這種活人標本時，麥克阿瑟立即扣押了有關證據。自然，蘇聯對這些戰犯也給予輕判：大多數戰犯只被判二十至二十五年的徒刑，一個只被判了兩年，另一個被判了三年。幾年後，除一個罪

日本投降前後的醜態

犯在監獄中自殺外，其餘的人於 1956 年被悄悄放回日本，他
們中的大多數人都進入了日本的上層社會。

分析家指出，與美國人一樣，蘇聯對戰犯之所以輕判的
最大可能是蘇聯也以輕刑換取了生物武器的情報。

由於美國及蘇聯政府的包庇及縱容，致使對世界人民犯
下滔天罪行的日本戰犯逍遙法外，實在令人痛心！

希特勒的未解之謎

　　戰爭狂人希特勒是發動第二次世界大戰的劊子手，由於他的納粹思想影響了德國一代人，從而使德國走上了對外侵略的道路，希特勒給德國人民帶來了深重的災難，也把他自己釘上了歷史的恥辱柱。但是，希特勒戰敗自殺後，圍繞著他卻出現了許多未解之謎，使研究者陷入了層層迷霧，如希特勒死後到底葬身在哪裡？曾有人兩次刺殺希特勒，他為何能死裡逃生？

▌希特勒自殺後葬身在哪裡

　　戰爭狂人希特勒是發動第二次世界大戰的劊子手，由於他的納粹思想影響了德國一代人，從而使德國走上了對外侵略的道路，希特勒給德國人民帶來了深重的災難。

　　希特勒在死後到底葬身在哪裡，幾十年來一直是個不解之謎。甚至有人曾經傳說希特勒沒有死，當年燒掉的只是他的替身等。而隨著前蘇聯最高機密文件解密，這個歷史謎團終於真相大白。

　　1945 年 4 月 30 日，蘇聯紅軍攻入柏林後，希特勒與他結婚只有幾小時的愛娃自殺，納粹德國宣傳部長戈培爾一家八口也同時服毒自盡。

　　具體的經過是這樣的：

　　4 月 30 日，納粹德國政權即將崩潰。中午，在帝國辦公廳大廈，政府街區一帶，蘇聯紅軍的炮火非常猛烈，建築物在隆隆炮火中倒塌，帝國辦公廳周圍的街道逐漸被夷為廢墟。

　　這時，在地下室裡，希特勒向所有在場者告別，與他們一一握手並感謝他們的服務與忠誠。希特勒的祕書弗勞・榮格與弗勞・克里斯蒂安，還有食堂女廚師弗萊倫被邀共進午餐，希特勒的妻子愛娃就坐在他的身邊。

　　這最後的午餐剛一結束，三位女士便離開了。希特勒叫副官根舍再次請她們到自己這來。他和妻子站在自己房間的

門檻處，再次向女士們告別。希特勒和過去多年來作為元首同事的女士們擁抱，她們並再一次和希特勒握手告別。

希特勒同樣又與鮑曼以及自己的副官根舍告別，並向根舍副官再一次宣布了嚴肅命令：

準備好足夠的汽油用於焚毀他及其妻子的屍體。

希特勒對根舍是這樣解釋的：「我不想死後讓俄國人在自己的陳列館裡展出我。」

當時希特勒的私人司機艾利赫‧凱姆普卡在地下車庫房的一間小禁閉室中，他正準備換班，這時電話鈴響了，艾利赫抓起話筒，是根舍打來的。

「艾利赫，我無論如何要痛飲一頓，你那裡有沒有酒？」

對此艾利赫感到吃驚，多少天來沒有痛飲了。

根舍又在說：「你那裡有沒有什麼喝的？」

艾利赫似乎明白出了什麼事，於是就準備了一瓶白蘭地等待根舍的到來。根舍沒來，艾利赫不知道根舍在哪兒打的電話，也不知道到哪兒去找他。

半小時過後，根舍的電話又打到了艾利赫處，他帶著激動的嘶啞的嗓音說：「你必須馬上給我送來兩百升汽油。」

在這樣混亂和猛烈的轟炸中上哪裡去找這麼多的汽油呢？不等艾利赫解釋，對方幾乎喊起來了：「汽油！艾利赫，汽油！」

希特勒的未解之謎

「你要兩百升汽油幹什麼？」艾利赫實在不明白根舍要那麼多汽油做什麼。

「在電話裡一時說不明白，你要明白，我應該拿到汽油。聽著，艾利赫，我應該馬上在地下室的出口處拿到汽油，甚至可以說你必須不惜一切搞到它。」根舍幾乎是命令的口吻喊道。

艾利赫告訴根舍，這麼多的汽油只能在吉爾加爾登才能搞到，那裡儲藏著成千上萬升汽油，但現在不能去，因為那裡炮火猛烈，幾乎不能穿過去。艾利赫請求等炮火稀一點，再派人去取汽油。但根舍還是固執己見：「我連一小時也不能再等了，想辦法從各輛汽車的油箱裡湊齊吧！現在馬上派你的人帶著汽油到元首地下室的出口來，你自己也來！」說完根舍掛上了電話。

地下車庫裡的汽車大部分還未被燒掉，但它們因為天花板倒塌已被砸壞或是卡住。艾利赫急忙派幾個人去把汽車裡的油抽出，並用油桶把汽油裝好送到指定地點。而艾利赫急忙從七零八落的汽車堆旁、從廢墟中硬擠了過去找根舍，想搞清楚到底出了什麼事。

當艾利赫走進地下室時，根舍正從希特勒的辦公室出來。他們一起來到會客室裡，根舍的面孔變得令人難以辨認，面色慘白，兩眼直盯著艾利赫。

「元首已經死了！」他舉起了右手，模仿向嘴裡開槍的動作。

「天哪！怎麼會這樣！愛娃在哪兒？」艾利赫震驚地問。

根舍用手指向元首辦公室那扇緊閉的門，說：「她和他在一起。」

作為希特勒的私人司機，艾利赫難以相信然而又逐漸明白，一切都已發生了。希特勒在自己辦公室裡用手槍自殺了，槍彈是從嘴裡射進的，他的頭伏在桌子上。愛娃與他並排坐著，背靠在長沙發上，她是服毒自殺，儘管手上曾握有手槍準備射擊。她的右手搭在長凳上，手槍落在地板上。

當時根舍還有鮑曼、林格聽見槍響，急忙跑進屋裡，見希特勒和愛娃已經死了。施圖姆醫生前來做了檢查，鑒定他們已經死亡。戈培爾和阿克斯曼也都來了。這時，在地下室出口處已備好了汽油。

希特勒房間的門這時打開了。「汽油，哪兒有汽油？」希特勒的勤務兵林格絕望地叫著。

艾利赫答道：「汽油已準備好了。」

林格轉身跑回屋裡，幾秒鐘後門又打開了。施圖姆醫生和林格抬著用黑色士兵軍毯裹著的阿道夫·希特勒的屍體。希特勒的屍體一直被蓋到鼻根處，透過花白的頭髮可以看到他慘白的額頭。他的左手從毯子中伸出，向下垂直。施圖姆

希特勒的未解之謎

醫生和林格匆忙地把屍體抬到地下室的外面，放在地上，這裡距離地下室出口有三米多一點。

希特勒躺著，被裹在毯子中，雙腳對著地下室。他就這樣被放在地上，用來裹他的那條毯子沒有被取掉，黑色長褲向上捲著，右腳掌和生前一樣向裡扭著。根舍和艾利赫把愛娃‧希特勒從房間裡抬出來，和希特勒並排放在一起。

蘇聯紅軍的炮火異常猛烈，使人喘不過氣來。等到炮火稀下來，艾利赫抓起一隻盛有汽油的桶從地下室跑出來，把桶放在希特勒和愛娃的屍體旁，然後很快地彎下腰去把希特勒的左臂拉到身體近旁，艾利赫看到希特勒的頭髮在風中飄動。

他從桶上取下了蓋子。這時，砲彈接二連三地在身旁爆炸，塵土汙物撲了一身，彈片聲在周圍呼嘯。艾利赫為躲避射擊又重新鑽進了地下室。他們只有等待。

炮火再次弱下來，艾利赫低俯下身子，又一次跑到外面，拎著滿滿一桶汽油，不住地顫抖著，盡最大的努力把汽油澆到屍體上，因為艾利赫意識到這是在執行希特勒的最後命令。

彈雨繼續傾瀉著，泥土濺得到處都是。艾利赫等人從地下室裡出來，把希特勒和愛娃的屍體又抬到了一個施工用的槽子裡，並倒滿了汽油。他們又一次跑回地下室去取新的汽

油桶，但是這時蘇聯紅軍的炮火又開始猛烈，使得他們已經不能從地下室中出去。

怎麼才能點燃汽油？艾利赫拒絕了用手榴彈引火的建議，這時，他的眼光落在了從地下室出來橫在出口處的消防水龍帶上的一塊大抹布上。「那塊抹布！」艾利赫喊道。

根舍撲上前去抓住了它並且打開油桶用汽油把它浸濕，只用了一秒鐘，抹布很快就成了浸透了汽油的可燃物。

「火柴！」戈培爾從衣袋裡掏出火柴盒並遞給了艾利赫，艾利赫劃著火柴點燃了抹布，火焰升起，艾利赫把這團火扔了出去，它劃了個弧線落在了那汽油還在流淌的屍體上，轉眼間大火升起，黑煙形成一片濃雲。焚毀屍體從當日十四時開始，持續到晚上十九時。

由於蘇聯紅軍炮火轟炸的原因，艾利赫等人繼續向屍體加注汽油的希望無法實現，所以先前加注的汽油燒盡了，希特勒和愛娃的屍體還沒有燒焦……

這個瘋狂一時的納粹頭子，就這樣被焚燒了。但是，令人們驚奇的是，希特勒不僅僅被焚燒了一次，還有另外一次的焚燒。如果說第一次是納粹德國戰敗後的必然結果，而第二次的焚燒就令人感到神祕了。

蘇聯紅軍第二突擊隊攻入總理府後，在希特勒的地下室前的大砲彈坑裡發現了草草掩埋的希特勒、愛娃、宣傳部長

希特勒的未解之謎

戈培爾夫婦以及他們六個孩子的屍體。發現屍體後，被裝入棺材運到了柏林的一個祕密地點。

史達林接到這個祕密報告後，當即下令說，屍體中有沒有希特勒這一點必須明確，不得有半點含糊。經過蘇聯方面再三驗證，確認其中一位的確是希特勒。

1945 年夏，紅軍第三突擊隊將駐地轉移到柏林以西的拉特諾，於是將希特勒的屍體葬在那裡，並用新種的松樹掩護墓地。1946 年 1 月 13 日，希特勒的屍體又被挖出來，移葬到拉特諾南面的馬格德堡。據後來的情報說，馬格德堡是第二次焚燒希特勒的地點。

1970 年，蘇聯駐東德第三軍克格勃特別行動處接到一項絕密命令，下命令者是當時任蘇聯克格勃主席的安德羅波夫。這一命令，要求特別行動處把祕密埋葬在馬格德堡市蘇軍軍事基地內的希特勒、愛娃、戈培爾及其家人的遺骸挖出，運到一個偏僻的地方，焚燒成灰。

由於希特勒等人的屍體的去向一直是一個謎，所以，安德羅波夫經與布里茲涅夫及其他政治局委員協商，為防止西方國家從空中竊密，在發布命令時並沒有發電報，命令是由他親筆手寫的。為了完成這項特殊任務，蘇聯方面專門成立了三人小組，組長是特別行動處處長科瓦連科上校，組員有希羅科夫少校和古梅紐科。

　　為什麼蘇聯領導人會在 1970 年代初想起了埋在蘇軍軍事基地的希特勒遺骸的問題呢？

　　據參與這次行動的小組成員之一的古梅紐科後來回憶說：「很長時間以來，希特勒的死一直是個謎。」

　　1945 年 4 月 30 日，希特勒自殺後，他的遺體被黨衛軍就地焚燒。當時就風傳，說希特勒的骨灰由其衛隊長阿克斯曼收藏，打算今後埋葬在柏林市郊。

　　希特勒的忠實追隨者們不希望隨著希特勒的死亡，法西斯主義也被埋葬，他們當然希望希特勒能活著，最壞的打算是能保留希特勒的骨灰。因此，希特勒的遺骸埋葬地就成了一個意識形態和政治問題，依我看，同時也是一個宗教問題。

　　由於第二次世界大戰後長期傳說希特勒還活著，說燒掉的是希特勒的替身，因此 1960 年代末，歷史學家們根據大量的事實證據推翻了這一說法。

　　美國加州大學牙醫專家列伊達爾·索格涅斯的法醫對葬在馬格德堡的屍體進行了鑒定，遺骸牙齒 X 光和 1943 年希特勒透過 X 光拍下的牙齒照片完全一致，進一步證實了歷史學家們的觀點。

　　由此確定，埋藏在蘇軍軍事基地的遺骸就是希特勒的遺骸，而不是其替身。這時，為了不再引起法西斯復仇者和其偶像追隨者的興趣，必須徹底銷毀希特勒的骨灰，況且蘇聯

軍隊也不可能在德國永久駐紮下去。

由於行動從一開始就被定為絕密，因此這次焚燒充滿了傳奇色彩。儘管行動就在蘇軍軍事基地內進行，特別行動小組也要非常嚴格地對自己的行動保守祕密。

事先，他們對此行動做了很好的偽裝 —— 他們打著測防毒氣的幌子，在藏有希特勒遺骸的地方設置了一頂軍事帳篷，對外則是講準備在帳篷裡施放煙霧。

在夜幕和帳篷的掩護下，行動小組開始快速挖掘；但很快他們就搞清楚了他們挖掘的地點有誤，因此他們又緊急地把帳篷向外移動了幾米，這才終於找到了希特勒遺骸下葬的準確坐標。

出現在人們眼前的，是一堆殘缺不全的遺骸。小組成員迅速把裝有遺骸的爛木箱子裝入事先準備好的包裝箱內。他們開上汽車，將這些「非同一般的貨物」拉到了市郊，準備尋找能焚燒遺骸的地方。

開始時，他們打算就在當天夜裡焚燒，後來考慮到德國居民一般都是很遵紀守法的，如果讓他們在夜裡看到火光，肯定會有人打電話給警察局，到那時，「絕密行動」肯定就要泡湯，後果將不堪設想。小組成員一直等到天亮，才扮成打漁人，把車開到郊外，一路上還仔細觀察，看有沒有人盯梢。到了地點之後，迅速卸下裝有希特勒遺骸的箱子，往上

面潑灑汽油，看著它燒成灰燼。

　　希特勒等人的屍體燒成灰燼後，他們把灰燼收到袋子裡，並消除了篝火的痕跡，甚至還恢復了被毀的草皮，一切做好了以後，他們來到了行動的第三個執行點，即沿著河岸將希特勒等人的骨灰拋灑掉。

▎兩次刺殺希特勒是誰所為

　　1943 年 3 月 13 日下午，希特勒乘坐的「福克 - 沃爾夫200」型運輸機在一隊「Me-19」型戰鬥機的護送下，從斯摩棱斯克起飛，三小時後降落在臘斯登堡。

　　希特勒專機的降落，驚呆了一個人。就在三小時前，已經有人把一個裝著兩個酒瓶樣的炸彈包裹放在了希特勒的專機上，並啟動了引爆裝置。然而，炸彈並沒有爆炸。於是，這些幕後的人感到十分的沮喪：「閃光計劃」失敗了！

　　這個人是誰？為什麼要刺殺希特勒？

　　1939 年 9 月，納粹德國軍事諜報局截獲了英國情報機構向其所有情報網站發出的一個「戟」字的密碼。德國軍事諜報局局長、海軍少將卡納里斯由此得出結論：英國參戰已經是不可避免的了。

　　中午，卡納里斯來到收音機旁，收聽倫敦英國廣播公司的廣播。收音機裡傳來英國首相張伯倫微弱而悲哀的聲音：

希特勒的未解之謎

我在唐寧街十號內閣會議室向你們講話。

今天早晨，英國駐德國大使向德國政府遞交了最後通牒，如果英國政府在十一點鐘得不到德國準備立即從波蘭撤軍的答覆，我們兩國就將處於戰爭狀態。

我不得不告訴你們，到現在為止，我們沒有得到這樣的答覆。出此，我國與德國已經處於戰爭狀態。

卡納里斯關掉收音機，立即命令向他分布在歐洲各地的三千多名諜報人員發出通報，通知他們德國與英國、法國已經處於交戰狀態。隨後，他召集全體人員會議，在檢查了諜報局的戰爭部署後，向屬下提出了警告，要他們不要做出類似出賣國家利益的事情來。

待大部分人員走後，卡納里斯對自己的幾個心腹說：「戰爭開始了，德國可能會遭到失敗，也許是災難性的失敗。可如果希特勒取得了勝利，那將是更大的災難。所以，我們諜報局的工作，應該是不要使得戰爭延長一天。」幾個人會意地點頭贊同。

卡納里斯出生在一個德國鑄造廠主的家庭。少年時代，他就非常崇拜英雄，經常對外聲稱自己是十九世紀希臘獨立戰爭時的英雄康斯坦丁諾維奇·卡納里斯的後裔。1905 年剛滿十八歲時，他就參加了海軍，後化名去西班牙從事間諜工作，並出色地完成了上級交給的任務。同時結交了很多西班

牙政界、軍界的要人，這為他後來出任軍事諜報局局長後，在西班牙進行間諜活動打下了良好的基礎。1933 年年末，卡納里斯被任命為諜報局局長。

他身材矮小，神色總是緊張但又熱情認真。他的舉止常常是彬彬有禮，待人慈善，工作上既謹慎又頑強。他見多識廣，能說六國語言，而且說得都非常好。

他是一個讓人非常難以理解的人。他既有強烈的愛國熱情，希望德國在戰爭中取得勝利，但又不滿意希特勒對猶太人的大屠殺和清洗軍隊，對德國在戰爭中能否取勝也持懷疑的態度。到後來明確樹立了反對希特勒的思想後他便在背地裡盡最大的可能拆希特勒的台。

在希特勒準備入侵西歐時，這個被稱作「黃色方案」的入侵計劃被卡納里斯讓軍事諜報局的漢斯少將透露給了英國方面，並向英國方面暗示，一旦「黃色方案」實施，德國國內就將發動一場政變。但是，由於這個計劃在羅馬不知被什麼人給洩漏了出去，希特勒立刻命令黨衛隊進行了調查。由於卡納里斯的防範措施極好，沒有被發現。

後來，希特勒不斷地改變「黃色方案」，共改變了二十八次之多，其中有十五次被卡納里斯的軍事諜報局透露給了西方。因為「黃色方案」變化得太快、太多，結果使西方對卡納里斯的可信度產生了懷疑，認為是希特勒透過軍事諜報局

有意搞的情報工作。

　　反對希特勒的不止卡納里斯一個人，在希特勒剛剛當上總理時，軍隊中就有一些高級將領對希特勒表示了不滿。納粹德國軍隊參謀總長貝克將軍就是其中最有影響力的一個。他是一個保守的民族主義者，對希特勒及他領導的納粹黨極不信任。

　　在與希特勒會面時，他曾對希特勒說，他接受高位的目的，不是要建立一支征服別國的軍隊，而是要建立一支能夠保衛德國的軍隊。希特勒反駁他說，軍隊存在的目的不是為了打仗，就不可能建立起一支具有存在價值的軍隊。為了和平而做準備的軍隊是不存在的，軍隊之所以存在就是為了贏得戰爭。

　　貝克將軍提醒希特勒，他自己曾經向興登堡總統立下誓言，不把德國帶入另一場戰爭。在臨走時，他又預言性地提醒希特勒說，新的戰爭成為多條戰線上的衝突，德國就將滅亡。

　　對希特勒持反對態度的德國將領還有：陸軍總司令瓦爾那·馮·弗裡奇、國防部長瓦格那·馮·勃洛姆堡陸軍元帥、外交部長康斯坦西·馮·牛頓特等，他們都向希特勒表達了各自不同意發動戰爭的想法。但是，瘋狂的希特勒是不會聽他們的建議的。

　　希特勒意識到，他的將軍們都很不願意發動戰爭。他認為，這些將是他實現「偉大理想行動」的絆腳石，他從內心裡已經生成了清洗軍隊的設想。後來，這些當面反對過希特勒的將領們都遭到了清洗。

　　那是一天早晨，「電臺監察人員」在全國各地挨家挨戶地檢查，使得每個人都要收聽到收音機的廣播。德國的民眾聽到的是，一個接著一個的知名人士倒台。德國全國都為之感到震驚，歐洲人聽了也感到惴惴不安。之後，希特勒完全建立起擁護自己的政府和軍隊，向侵略戰爭邁開了罪惡的腳步。希特勒的做法讓一些人感到了不滿和憤怒，那些被迫走向幕後或僥倖留在原位置上的人開始了一次祕密的行動。

　　1942 年 11 月 7 日，盟軍「火炬」計劃實施，從卡薩布蘭卡到布日伊，在一個巨大的弧形的作戰範圍內，開始登陸。直至 11 月 8 日凌晨，希特勒才確切知道了盟軍的意圖，他感到十分的震驚。「火炬」行動完全出乎意料，是什麼原因使得德國沒有一點情報先進行準備呢？盟軍大範圍的軍事調動德國已經發現，只是並不知道他們的目的是什麼。其實，這樣的報告還是有的。

　　戰後發現，當時主要針對美國和英國的諜報局漢堡站站長赫波特‧維曼奇已經從第一流的情報來源得到了一份準確而及時的報告，報告說盟軍部隊調動的那個目標是法屬北

非。而這個報告當時是以十萬火急的密件的形式送到最高統帥部的，這個報告哪去了？誰也不知道。

卡納里斯是諜報局最高領導者，他表示，他也不知道，並顯得似乎有些無動於衷。德國的高級指揮機關這才相信，卡納里斯向他們提供的情報是多麼的糟糕。

但是，當時並沒有人懷疑他反對希特勒的。隨著戰事的變化，越來越多的人已經看到德國在這場戰爭中將不會取得勝利。

在蘇聯戰場上，蘇聯人誓死保衛列寧格勒和捍衛史達林格勒的堅定信念和頑強抵抗的勇氣，使德國在蘇聯戰場上快速推進的勢頭得到了遏制。在北非，盟軍也越來越明顯地占了上風，那種失敗的情緒已經悄然在德國內部蔓延開來。

1943 年年初，希特勒的宏大策略在各地遭到了不斷的失敗和威脅，在戰爭勝利越來越偏向盟國的時候，在希特勒身邊也越來越多地出現準備刺殺他的人群。貝克將軍曾對卡納里斯說，決定性的時刻就要到來了，隨著希特勒不斷的打敗仗，我們的人就不斷地在增加。

1943 年 2 月，機會終於來了。在史達林格勒戰役中，德國的陸軍元帥鮑羅斯率領殘餘的九萬多人向蘇聯紅軍投降，像以往一樣，希特勒又將失敗歸咎於鮑羅斯，並說他不應該讓敵人活捉。

　　希特勒身邊的將領們對希特勒都感到了憤慨，「閃光計劃」的實施者認為行動的時機已經到了。克魯格按照特來斯科夫和施拉勃倫道夫的建議，宴請希特勒到他的司令部駐地斯摩棱斯克訪問，希特勒竟然答應了。於是，卡納里斯和奧斯特假裝為諜報局的差事去訪問克魯格的司令部，為「閃光計劃」做最後的安排。

　　「閃光計劃」其實很簡單，就是把一枚炸彈藏到希特勒的私人飛機裡，待他從斯摩棱斯克回來時引爆。特來斯科夫和施拉勃倫道夫一起製造了炸彈。他們把炸藥包弄成兩個方形酒瓶的樣子。要讓炸彈爆炸，只需要按動一個小小的按鈕，一個小瓶子就會被打破，裡面的腐蝕酸就會流到一根拉住撞針的金屬線上。

　　一切準備就緒，希特勒如約來到了斯摩棱斯克，克魯格和特來斯科夫在機場迎接了他。午餐的時候，特來斯科夫走到希特勒的一個隨行人員身邊，請他將兩瓶酒帶給柏林的斯蒂夫將軍，隨行人員滿口答應了。

　　午餐過後，希特勒與克魯格又談了將近一個小時的話，然後就準備動身回臘斯登堡。在他登上飛機時，施拉勃倫道夫啟動了炸彈的引爆裝置，裝著腐蝕酸的小瓶子被打碎了……

　　炸彈沒有爆炸，飛機完好無損地降落在臘斯登堡，「閃光計劃」的策劃者不由得目瞪口呆，他們不知道是什麼原因

使計劃破滅。總之，他們喪失了一個好機會。後來，據希特勒的駕駛員說，當時他們離開斯摩棱斯克後，就碰上了雲層和湍流，為了不讓希特勒感到不舒服，他就駕駛飛機飛到了較高的高度，這樣，放著炸彈包裹的行李艙的溫度急遽地下降，把腐蝕酸凍著了。希特勒僥倖逃過了第一劫。

「閃光計劃」的失敗並沒有阻止反對者刺殺希特勒的腳步。

1944 年 7 月 20 日，風和日麗，這是一個平淡無奇的日子。然而，在德國卻發生了一件震驚世界的事件，一個反希特勒的軍官集團在這一天要暗殺希特勒。

德國後備軍參謀長史陶芬堡在希特勒東部戰場的司令部──「狼穴」的會議室中，將一個裝有定時炸彈的皮包放在會議桌下靠近希特勒座位的地方，由於皮包被人無意之中移動，所以當炸彈爆炸時，沒有達到目的，希特勒只受了一點輕傷。

雖然兩個暗殺計劃都成為泡影，但行動卻震驚了德國和世界，因為這代表著希特勒已是窮途末路，德國軍隊不僅在東部戰場上節節敗退，敗局已定，而且希特勒在國內也失去了人心，以致到了被人謀殺的境地。

隆美爾參與刺殺希特勒了嗎

1944 年 10 月 14 日，納粹德國陸軍元帥隆美爾被希特勒以叛國罪下令處死於烏爾姆附近的赫林根。由於隆美爾在北非戰役中的輝煌戰績，曾經給德國帶來過巨大榮譽，他被告知可以選擇服毒自殺。隆美爾接受了，這樣他的家庭將免受牽連，也不會繼續深究和他以前共事過的人員，而且，希特勒還承諾在柏林給予他國葬的待遇。既然希特勒對外宣傳說隆美爾是突發腦溢血而死亡，並隆重安葬他，那為什麼還要處死他呢？隆美爾確實是謀害希特勒的成員嗎？

隆美爾是希特勒賞識的部下，但也有著自己的性格特徵，他雖然尊敬元首，但時常違抗元首的命令。許多從德國逃出來的政治犯到法國的外國軍團中與德國作戰，希特勒曾命令隆美爾將非洲軍團俘獲的這些人就地槍決，但是隆美爾卻拒絕執行希特勒下達的處決令。

阿拉曼戰役期間，隆美爾和希特勒之間的裂痕越來越大。當英軍很快就突破了德國人的防線後，希特勒責令非洲軍團在阿拉曼戰役中「要嘛勝利，要嘛毀滅」。隆美爾中止了已經開始的撤退，但同時也在試圖取消希特勒這個殘暴的命令。但是很快危機越來越嚴重，於是隆美爾違抗了希特勒的命令，兩次指揮他的部隊撤退，直至撤入突尼斯山區。隆美爾還曾希望能夠將非洲軍團撤回到義大利，希特勒理所當

然地拒絕了，並在指揮部對他大發雷霆。

希特勒曾再三重申不許非洲軍團後退的命令，然而每一次隆美爾都沒有執行，為此 12 月底的元首指揮部，一場激烈的爭吵在隆美爾和希特勒之間爆發了。當時，隆美爾已經意識到眼前的戰爭「簡直是一種邪惡罪孽」，他十分想提醒自己的元首停止這場戰爭，用政治的手段來和平解決，因為他看到全世界都在反對納粹德國。

在一次軍事會議上，隆美爾第一個站起來，他說：「我的元首，我想代表德國人民向你闡述西線的嚴重局勢，首先我想談談政治局勢……」

沒等隆美爾說完，希特勒打斷他的話：「元帥，請談軍事形勢。」

隆美爾卻堅持說：「歷史要求我們先談政治處境。」

希特勒勃然大怒：「不行，今天只談軍事，別的什麼也不談！」

這時，隆美爾表現出了非凡的勇氣，他面對希特勒的強壓大聲說：「元首，我必須坦率地承認，不提到德國的前途我是不離開這裡的！」

此時已經失去理智的希特勒開始大聲地咆哮：「陸軍元帥，請馬上離開會議室！」希特勒恢復了常態後，隨即命令戈林到義大利去監督隆美爾在非洲的行動。當非洲軍團在突

尼斯投降後，希特勒將隆美爾召回討論當前形勢。隆美爾告訴希特勒說，他覺得戰爭不可能勝利了，並認為德國應爭取「有條件的投降」。這再一次激怒了希特勒，他臉色鐵青，大聲叫喊：「記住，誰都別想跟我講和平！」此後，隆美爾和希特勒之間就再沒有親密的接觸了。戰爭後期，隆美爾已經覺得戰爭不再有勝算，他也知道希特勒的這場戰爭中首要的是蘇德戰場。他開始明白在蘇聯的這場戰役竟是如此的殘酷，如果蘇軍進入德國，那麼將導致最壞的結果。隆美爾的反應是：

> 如果可能，就無條件投降，但最好是爭取「有條件地投降」。假如盟軍在諾曼第的入侵能被擊退，那麼新的德國政府將有了討價還價的餘地。但這一切都將是幻想。一方面，盟軍的常規兵力已經具有壓倒性的優勢；另一方面，美國核武器此時正在研製中，可以想像得到的是，如果歐洲戰事久拖不決，那麼原子彈就很有可能落到德國頭上。

隆美爾認為，如果盟軍在諾曼第戰役中失敗，那麼沒有希特勒的德國仍舊能夠獲得一個能達成有條件投降的好機會。他沒想到的是，一場政變在登陸前就已開始預謀。

1944 年，在隆美爾任 B 集團軍司令時，雖然著手準備對抗盟軍登陸的海岸防禦，但整個 1944 年的上半年，他都與柏林的密謀者保持著接觸。

希特勒的未解之謎

　　他認為在他們還無法能確保行動成功之前，柏林並不是謀劃行動的合適地點。雖然有關暗殺方面的行動計劃正在討論，但隆美爾並不贊成這麼做，起先他並不知道史陶芬堡試圖於 1944 年 7 月 20 日刺殺希特勒。

　　隨著盟軍確立了在諾曼第的優勢，隆美爾意識到西線已經失敗了，他現在想得更多的是如何停止戰爭，以使盟軍穿越德國並在紅軍之前抵達歐洲的中心。無論如何，都要阻止蘇軍對德國的占領。由於這個原因，他至少兩次勸說希特勒接受他的意見，但是只要稍微提及和平的請求，希特勒就大發雷霆。

　　因此隆美爾認為使部隊投降的最佳時刻，就是在一旦盟軍突破了諾曼第防線之時。作為一名前線軍官，當他下定決心要在西線停止抵抗時，他決定竭盡所能以防止雙方軍隊再交火。在諾曼第，隆美爾曾和黨衛軍將領特裡希和豪森會面，他向兩個人直率地談到投降要比繼續在西線抵抗而讓蘇軍占領柏林更有利。兩人都同意他的觀點，都認為繼續抵抗是沒有前途的。

　　1944 年 7 月初，隆美爾就當時的形勢寫了一份備忘錄並交給了希特勒。7 月 15 日，他又寫了另一份報告，其中有這樣一段闡述：「這場不對等的戰鬥正在接近尾聲，我認為應當從當前形勢中得出必要的結論。作為 B 集團軍司令，我不得

不清楚地表達自己的看法。」

　　很顯然，隆美爾並不相信他的報告會讓希特勒改變主意，他之所以寫下並散發這些備忘錄，有可能是為了在戰後證明他在當時那種災難性的形勢下並沒有保持沉默。當希特勒不面對現實後，他認為自己不該受到責難並被迫獨自採取行動。盟軍攻入法國後，隆美爾曾經設想過除掉希特勒以實現和平，「然後我就開放西線」。慕尼黑著名的紀錄片製片人莫里斯‧菲利普‧雷米在為其著作《隆美爾的神話》查找檔案時，發現了長期保存在民主德國檔案館中的資料。這些資料證明，隆美爾當時確實很接近反抗，比現在眾所周知的還要接近。雷米說：「說出「我要開放西線」這樣的話，需要很大的勇氣 —— 可能只有隆美爾才有這樣的威望。如果他成功的話，盟軍將在三五天之內占領魯爾區，這樣戰爭也可能在 1944 年 8 月結束。」

　　關於隆美爾是否真的參與了刺殺希特勒的計劃，即被希特勒定為叛國罪的問題，歷史上普遍的看法是他沒有直接參與，也沒有同意刺殺希特勒。因為他在聽說希特勒遇刺時感到了無比的憤怒，他覺得「死希特勒可能比活希特勒更有危險」。

▌希特勒為何要毒死隆美爾

　　自從史陶芬堡刺殺希特勒失敗後，狂怒的希特勒進行了大清洗。由於密謀集團成員中許多人的立場並不是很堅定，因此出現了一些臨陣叛變者，結果越來越多的軍官和同情者被逮捕、槍殺或投進監獄。曾經給隆美爾做策反工作的施特羅林也未能倖免，但是他直至臨死也沒有供出同隆美爾進行過接觸。但是，施特羅林的助手，也是密謀組織中成員的霍法克中校，因為害怕死，就想抬出兩位元帥作為自己的護身符。於是，在黨衛軍保安處的地下室裡，霍法克說出了隆美爾和克魯格兩位元帥的名字。

　　在黨衛軍保安局人員的誘騙下，這位只顧保命的小人物添油加醋，把隆美爾說成了是直接密謀者，但並不是直接策劃者。

　　希特勒獲悉這個情報，沉重地嘆了口氣，對黨衛軍頭子希姆萊說：「克魯格參加密謀集團我是相信的，但隆美爾我想不出他背叛我的理由啊！這份名單的來源可靠嗎？」

　　希姆萊說：「是可靠的。它是霍法克中校主動供出來的，我們並沒有用刑。此人招供無非就是想讓我們留下他的一條命。」

　　「這種人，絕不可留。」希特勒惡狠狠地說道，希姆萊點頭稱是。隨後希特勒告訴希姆萊，在處理隆美爾的這件事

上要做進一步調查，不能過於草率。即使隆美爾真的牽連進去，也要與其他人區分開來，不能作同樣的處理。因為如果盟國知道了這一切，對西線的戰爭將產生不利的影響。

隆美爾是希特勒的愛將，雖然兩人有了一定的隔閡，但希特勒從心裡還是不希望隆美爾成為背叛自己的人。1944年8月12日，密謀刺殺希特勒的主謀之一，並在成功後準備接替總理職務的卡爾·戈台勒被捕。裝有密謀集團的文件、聲明和所謂的同夥名單的文件箱落入希姆萊手中。希姆萊驚奇地發現，在名單中赫然寫有隆美爾和克魯格的名字。於是，希姆萊草擬了一份還未逮捕的密謀分子的名單，隆美爾自然在其中，而且名列第五位。

希特勒很快拿到了這份名單，他相信這位愛將的確參與了謀殺自己的陰謀。但他也知道，此時的隆美爾正在醫院裡養病。

因此，希特勒再次叮囑希姆萊，要他等到隆美爾身體恢復健康後再審問他，並且不要聲張。最後希特勒憐惜地說：「我相信，他一定是受矇騙的。」希姆萊按著希特勒的指示，直接去抓克魯格元帥，但是不知是誰走漏了風聲，克魯格已經在希姆萊到達之前服毒自殺了。

早在7月中旬，隆美爾乘坐的汽車受到盟軍飛機的猛烈射擊並受了重傷後，就一直躺在醫院裡，他對這些變故一無

希特勒的未解之謎

所知。一個星期後，他仍然無法寫出自己的名字，只能寫下些模糊的、難以辨認的奇怪符號，沒有辦法，只好自己口授，而請護士小姐給他做記錄，這樣才寫了信給他的妻子。後來，隆美爾的傷勢漸漸有了好轉，醫生批准他可以回家療養了。

隆美爾生命的最後那一段時間是他最溫馨的一段日子。但是，這段日子並沒有持續多久。一天下午，他的妹夫漢斯慌張地來到隆美爾的家裡，並告訴他說：「戈台勒已經被捕了」。隆美爾聽了摸不著頭腦地問：「戈台勒？我不認識他。怎麼，這和我有什麼關係嗎？」「從他那裡搜出一張名單，與你有關係。」漢斯緊張地說，「另外，還有一張字條，說你是西方敵人所尊敬的唯一軍人，在刺殺希特勒之後，必須由你來掌權。你看這……」

隆美爾也感到了事情的嚴重性，他明白，自己已經被牽連到這場事變中去了。不久，隆美爾手下的助手被一個個地抓走了，這些人當中的確有密謀集團的成員，斯派達爾就是其中之一。對於斯派達爾的被捕，隆美爾還專門寫過一封信給希特勒，想極力替他開脫罪責，但已經沒有任何作用了。幾天後，隆美爾的住宅附近就有了祕密警察的監視，最高統帥部的參謀長凱特爾元帥也打來電話，請隆美爾到柏林去談一下新的工作安排。隆美爾心裡明白，自己的死期已經到

了。次日，前來逮捕隆美爾的兩個人與隆美爾進行了密談，他們告訴隆美爾或者選擇自殺，將給予國葬的待遇；或者選擇審判，被按叛國罪處死。十多分鐘後，隆美爾告別了家人，跟著來人鑽進了汽車，在離開家不遠的一個寂靜的樹林裡，隆美爾吞下了毒藥……

他死後，德國對外發布公告，隆美爾因突發腦溢血不幸逝世。

█ 希姆萊背叛希特勒向盟軍投降

繼刺殺希特勒事件後，備受希特勒信任的德國納粹黨衛軍頭子海因里希·希姆萊又背叛希特勒，向盟軍投降。

1944 年 8 月 31 日，英國軍情六處的負責人向英國首相邱吉爾交上了一份截獲的密碼電報。這份電報是德國納粹黨衛軍和祕密警察「蓋世太保」的頭子希姆萊發出的。邱吉爾首相當時親筆回覆了軍情六處，稱「希姆萊的電報由我保管併負責銷毀」。在整個第二次世界大戰期間，英國首相邱吉爾曾經看過多達一萬四千多份破譯的密電，這份電報，是唯一一份由德國納粹黨衛軍頭子希姆萊發出的。

戰爭後期，隨著德國戰敗的結局越來越清晰，納粹內部不團結的現象也越來越嚴重。其實，希姆萊一直在經營著自己的勢力，構築著通向最高權力之路。為此，他一手組建了

希特勒的未解之謎

納粹黨衛軍，並親自任首腦。要加入黨衛軍的最重要條件就是個人要對納粹德國絕對忠誠，而希姆萊為黨衛軍制訂的座右銘是：「忠誠是我的榮譽。」

不過，現在看起來，曾被希特勒驕傲地稱為「忠誠的海因里希」的希姆萊，卻比任何其他納粹領導人都更不忠於希特勒。

在納粹德國存在的最後八個月中，希姆萊就一直在試圖背叛希特勒，特別是在聽說希特勒瘋了的傳聞後，更是公開地向盟軍示意投降之心。這也導致希特勒在地堡中臨死前的政治遺囑中開除了希姆萊的黨內外一切職務。

在第二次世界大戰後期，德國軍隊全線敗退，納粹德國朝不保夕。在此情況下，作為納粹德國二號頭目的希姆萊已經意識到大勢已去，但最高領導人希特勒卻仍試圖做最後一搏。於是，希姆萊決定背著希特勒，醞釀與盟軍達成祕密協議，而這份電報，就是他向一位中間人發出的。希姆萊試圖讓後者代表他向英國提出試探性的和平建議。

邱吉爾一直堅決反對與德國人進行任何形式的談判，收到這份電報後，他毀掉了這份電報，他想確保德國人不再進行試探性接觸，所有關於此事的線索也因之灰飛煙滅。

1944 年 8 月，日本軍國主義者已經暗示他們準備做中間人，讓德國與蘇聯單獨達成和平協議，日本駐柏林大使在 9

月初進見希特勒時，曾經直接提出了上述建議，但遭到了希特勒的當場拒絕。

希姆萊並不知道日本方面提出的德國向史達林提出雙邊停戰的建議，但他顯然也已經意識到德國不可能贏得這場戰爭。9月12日，他也與希特勒會面，討論了向蘇聯或者英國提出試探性和平建議的想法，他當時想得更多的是與英國達成類似的和平協議。顯然，他得到的是與日本大使一樣的回答，因為希特勒對此根本不感興趣。

希特勒一直認為，談判只可能由實力占優的一方提出，德國現在的處境提出談判只能是枉然。當時，他只想發動一次大的攻勢，徹底扭轉戰爭對德國不利的局面。

他的想法是在地處法國北部、比利時東南部及盧森堡北部的亞爾丁高地發動一次全面攻勢，將英國與美國軍隊「趕進大西洋」，然後，用繳獲的新武器對蘇聯發動全面進攻。

至1944年秋天，盟軍已經完成了對德國東西邊界的合圍，第三帝國的滅亡已經只是時間問題。與希特勒不同的是，希姆萊再也不準備抵抗下去了，他還想要自己的腦袋，還想領導後希特勒時代的德意志，如果有可能，繼續對布爾什維克主義作戰。

正是基於這些考慮，希姆萊需要與西方的英國達成協議，正如那份8月分發出的電報所表明的，他已經開始尋找

希特勒的未解之謎

自己的出路了。只是,那時希特勒仍是納粹德國的元首,
擁有至高無上的權力,因此,希姆萊每走一步都需要極為
謹慎。

在接下來的幾個月時間裡,他一直扮演著兩面派的角
色,表面上,他仍是「忠誠的海因里希」,暗地裡,他加緊
了與盟國試探性的接觸,以求達成祕密和平協議,他不想自
己與希特勒一起,走到自毀之路的盡頭。

1944 年 12 月,德軍在亞爾丁高地發動了一次很大的攻
勢,但這次戰役並沒有改變納粹德國的命運,希特勒試圖將
盟軍趕出歐洲大陸的如意算盤完全失敗了。剩下的路已經沒
有了,只有頑抗到底。

希特勒當時叫囂著:我們絕不投降!我們可以失敗,但
我們將會讓世界一起陪葬!希特勒孤注一擲的叫囂也許會引
起一般納粹分子的共鳴,但希姆萊卻已經不再狂熱了,他對
形勢已經有了清醒的認識:德國完蛋了!

但是,希姆萊如果想與盟國達成任何和平協議,他必須
首先改變自己的聲譽,要知道,他可是希特勒「最忠誠的黨
衛軍戰士」。為了取得西方盟國的信任,他開始頻繁地露面
表現自己,他要重新樹立自己的形象。

1945 年 1 月,一位代表美國和加拿大的瑞士調解人在
盟國和希姆萊之間進行遊說和調解,希姆萊同意以二十五萬

美元為代價,在一個月內釋放一千四百名猶太人。然而,到了 2 月分,一千兩百名猶太人被釋放,但他並沒有要錢。不過,由於深知希特勒不會允許他這樣做,希姆萊請美國和瑞士的媒體在報導此事時,應突出希特勒的「人道主義姿態」。華盛頓當時也肯定準確判斷出了希姆萊想要尋求達成和平協議的願望。

儘管希姆萊在此事上做足了手腳,但當希特勒得知他一直想滅絕的猶太人被釋放時,仍大發雷霆,並立即下令:絕不能放走一個猶太人!這也是只有一千兩百名猶太人,而不是一千四百名猶太人僥倖逃生的原因。事已至此,希姆萊的努力看來是白費了。

1945 年 1 月,他被希特勒貶到其他職位,當上了一名高級軍事指揮官。希特勒將他另用的理由是利用了他的身體狀況,稱他因長期生病,已不適應現在的工作,而把他安排到柏林北部的一個黨衛軍醫院休養。由此,希姆萊從內心感到他和元首之間的隔閡正在加深,一種背叛的心也就越來越強烈,希姆萊已經在計劃自謀生路的方法。

希姆萊為了提高自己在西方盟國面前的發言權以及所謂的新形象,下決心同意與來自世界猶太人大會的一名代表在一個祕密地點會面。在這次會面中,他同意釋放關押在拉文斯布里克的猶太婦女,這顯然是與希特勒的旨意背道而馳的。

希特勒的未解之謎

2月至5月期間，希姆萊多次與瑞典紅十字會副主席康特‧弗爾克‧貝納多特會面，經過這些會談，他所計劃的德國向西方投降的可能性越來越大了。4月22日，歇斯底里的希特勒公開承認德國已經輸掉了這場戰爭，並表示自己將隨第三帝國的消亡而消亡。

第二天傍晚，當希姆萊再次與貝納多特會面，並請求他向西方盟國轉達德國願意投降的意思時，希姆萊自己策劃德國投降的計劃，在盟國看來實際已經沒有多少意義了。希姆萊的最後提議晚了一步。

4月28日，希特勒向全世界發布消息說，希姆萊制訂了向英國和美國無條件投降的計劃，並稱這是「人類歷史上最無恥的背叛」。隨後，希姆萊被希特勒剝奪了一切職務。對於希特勒來說，發現自己一直認為絕對忠誠的希姆萊竟然也背叛他，是對他最大的打擊，兩天之後，他也死了。

希特勒死後，德國元帥鄧尼茨接替他短暫地當了幾天第三帝國的元首。他知道希姆萊是不可靠的，因此拒絕了希姆萊入閣的要求。

想繼續掌權的希姆萊美夢破滅後，刮了刮自己的鬍子，戴上自己的獨眼黑眼罩，穿上一名黨衛軍士兵的軍服，開始了自己的逃亡生涯。但是，他並沒有跑掉，兩週後，他就落入了英國軍隊手中。5月23日，他咬碎了鑲在一顆假牙裡的

氰化物膠囊，自殺身亡。

關於希姆萊的死，還有這樣一段故事：

當時希姆萊帶著他的一幫親信從弗倫斯堡逃向馬恩。一路上，他們風餐露宿，十分辛苦。當一班人馬疲憊不堪地來到易北河口時，面對滔滔的河水，他們不得不扔掉了汽車，換上了老百姓的衣服，加入了逃亡者的行列。

但是當他們來到布萊梅港口時，認真的英國士兵對他們產生了懷疑。英國士兵發現這些人的身分證非常新也非常好，按理說，像這樣逃難的人員不應該有如此嶄新的證件。於是，他們被帶到了兵營裡監禁了起來。

希姆萊受不了監獄的生活，於是他撕下蒙在眼睛上的黑布，亮出了自己的身分。英國士兵聽說他就是「大名鼎鼎」的希姆萊，立刻向上級報告。蒙哥馬利元帥立即派人趕到這裡，對希姆萊進行了審問和搜查。當一名軍醫給希姆萊檢查口腔時，發現牙齒中間有一個東西閃閃發亮，就命令希姆萊把口腔對著燈光。

這時，希姆萊突然掉轉頭，合上嘴，牙齒用力一咬，只聽見他的嘴裡發出一聲輕微的響聲。希姆萊的身體抽動了幾下，就不動了。他咬碎了藏在口腔內的毒藥管。英國醫生和士兵急忙給希姆萊灌進了大量的嘔吐劑，並進行洗胃，但希姆萊還是一命嗚呼了。

希特勒的未解之謎

戰後為何沒收回香港

　　日本投降後的第三天，遠東盟軍統帥麥克阿瑟，發布了《第一號受降令》：「凡在中華民國、臺灣、越南北緯十六度以北地區之日軍，均應向蔣委員長投降。」香港就位於北緯十六度以北地區，是中國第二方面軍所轄作戰區的一部分。這說明駐港日軍應向中國軍隊投降，中國收回香港是理所應當，可當時國民黨政府為何沒有及時收回香港呢？

戰後為何沒收回香港

▌日本投降後香港唾手可得

香港，如一顆璀璨的明珠，鑲嵌在世界東方，它創造了一個又一個的世界奇蹟。它由一個小漁村發展成為國際金融中心。

然而，對於中國來說，香港的繁榮與發展的背後，卻是中國人百年來的辛酸與恥辱。收復香港是中國人民近百年來無數志士仁人的共同追求。

然而在抗戰勝利這樣一個極為有利的形勢下，當時的國民政府為什麼沒有能夠成功地將香港回收到中國的懷抱來呢？

1941 年 12 月 7 日，日本偷襲珍珠港，重創美軍太平洋艦隊。太平洋戰爭爆發。

第二天，日軍進攻香港，僅僅過了十八天，香港陷落，港督楊幕琦舉出白旗投降。從此，香港落入日本手中長達四年之久。

1945 年，第二次世界大戰臨近尾聲。歐洲戰場法西斯德國和義大利已經遭到慘敗，並已經向盟軍繳械投降。亞洲戰場上，日本軍國主義已是日薄西山，搖搖欲墜。

1945 年 8 月，中國戰場上向日軍發起了全面進攻。美軍在太平洋戰場已經取得主動，戰事已經逼迫日本做最後的頑抗。美軍為了減少傷亡，在軍隊向日本本土逼進的同時，向日本的廣島、長崎投擲了原子彈。

一天後，蘇聯對日宣戰，向盤踞在中國東北的日本關東軍發起了進攻，給日本關東軍以殲滅性打擊。在走投無路的情況下，日本政府於 8 月 15 日宣布無條件投降。

日本投降後的第三天，遠東盟軍統帥麥克阿瑟在杜魯門總統的授權下，發布了《第一號受降令》：

> 凡在中華民國（滿洲除外）、臺灣、越南北緯十六度以北地區之日軍，均應向蔣委員長投降。
> 香港就位於北緯十六度以北地區，而且在戰爭期間隸屬於中國戰區的廣州作戰區，是中國第二方面軍所轄作戰區的一部分。日本駐香港的防衛部隊是隸屬於日軍南支派遣軍第二十三軍，該軍司令官田中久一兼任香港總督，他常駐廣州。

這一切都說明駐港日軍應向中國軍隊投降，中國收回香港是理所應當。

太平洋戰爭爆發後，英國在亞洲的殖民地基本上都被日本占領了，特別是緬甸失守後，英國政府曾經請求中國派兵支援在緬甸的英國軍隊。

蔣介石也曾打算趁此良機收復香港。

1942 年，蔣介石曾向英國提出收回香港的要求，為了實現這一願望，他在訪問印度期間，會見了甘地和尼赫魯等人，表示支持印度的獨立要求，以促使英國在遠東的殖民體系瓦解。

戰後為何沒收回香港

　　蔣介石這一姿態在國內引起了反對帝國主義，要求廢除不平等條約的高潮，在國際上得到了正義人民的同情。

　　英國出於需要中國出兵保衛其殖民地緬甸和印度的目的，主動提出與中國進行廢除不平等條約及簽訂新約的談判。談判之初，蔣介石堅持收回香港，然而，英國人從內心裡並不想真的交還香港。

　　他們只是權宜之計，為的是讓蔣介石能夠抗日，以減少他們在太平洋戰場上的壓力。後來在英國的威逼利誘下，蔣介石的立場逐步軟化，最終放棄了將收回香港這一內容寫入中英新約，僅僅要求英國在口頭上承諾在戰後與中國商討九龍問題。

　　日本投降後，香港的問題擺到了桌面上，是否應該立刻收復香港成了人們關心的問題。

　　許多人建議蔣介石趁此機會派兵假道廣九鐵路，捷足直入，占領香港後再與英國交涉，對此建議蔣介石有所採納，在接到盟軍的《第一號受降令》後，他即任命第二方面軍司令張發奎為接收廣州、海南、香港等地的受降官。

　　命令張發奎的新一軍和第十三軍執行香港的受降事宜。張發奎接此命令後，即將新一軍和第十三軍集結於靠近香港的寶安地區，做好了收復香港的準備。

英美兩國首腦拿香港做交易

對於麥克阿瑟的《第一號受降令》，英國政府表示拒絕接受，詭辯戰區不能覆蓋主權，明確表示拒絕中國軍隊在香港受降。

其實，恢復在香港的殖民統治並繼續占據是英國的既定政策。

早在 1943 年舉行的，由中、英、美三國參加的開羅會議上，邱吉爾曾就香港問題向蔣介石宣稱：

> 不經過戰爭，休想從英國拿走任何東西！

蔣介石雖然心中惱怒，但嘴上對這種公然宣戰卻未作任何表示。

1944 年初，英國政府成立了一個名叫「香港計劃小組」的機構，負責策劃重占香港及恢復殖民機構的事宜，並確定了戰後武力占領香港的方針，準備在戰爭後期用陸海空軍及預備部隊協同作戰，不惜一切代價攻占香港。為配合軍事行動，英國向香港派遣了大批間諜。

日本投降前夕，英國外交大臣貝文透過祕密管道，通知被日軍囚禁在港島赤柱的前港英政府輔正金遜，讓他設法在日軍投降後恢復英國在香港的機構，並行使政府管理職權，直至英軍抵達香港成立軍政府為止。

戰後為何沒收回香港

　　金遜獲釋後便向日軍提出建立以他為首的臨時政府，要求日軍維持好社會秩序等待英軍前來受降。

　　1944 年 8 月 13 日，英國三軍參謀長向盟軍東南亞戰區最高司令蒙巴頓下達命令：

　　由英國太平洋艦隊執行重占香港的任務。

　　據此，英國太平洋艦隊海軍少將夏愨率領一支特遣艦隊開赴香港。為配合海軍的行動，英國還從東南亞戰區司令部派出了大約一個師的兵力前往香港。

　　在派出軍隊登上香港島的同時，英國在外交上為重占香港做了準備。

　　英國人很清楚，在中英關於香港歸屬的紛爭中，美國的態度是很重要的，美國的天平傾向於哪一方，香港就將歸哪一方所有。因此，如得不到美國的支持，英國想重返香港是很困難的。

　　8 月 18 日，英國新任首相艾德禮致電美國總統杜魯門，表示英國不能接受麥克阿瑟的「第一號受降令」，強烈要求杜魯門指示麥克阿瑟重新發布命令，讓駐港日軍向英軍投降。

　　在中國這邊，蔣介石雖然已經集結了部隊，做好了進入香港的準備，但他卻遲遲沒有下達進軍香港的命令。

　　鑒於英國人的態度，蔣介石真是為難。

他知道，對於共產黨領導的軍隊只能用武力消滅之。因此，他深知一旦發動內戰，不能少了英、美兩國的援助，如若此時出兵香港，必然會與英國發生衝突，從而失去英國的支持。

於是，蔣介石連續兩次聲明中國無意於以武力收復香港，希望收回香港這件事能透過「外交」途徑來解決。他還向美國派出了使節，去尋求美國的支持，幻想透過美國的干涉來實現香港的回歸。

這樣，中英兩國都把求助的目光投向了美國，美國人的態度此時發揮關鍵的作用。

太平洋戰爭爆發後，美國是支持中國收回香港的，想透過此舉來鼓勵中國政府繼續對日作戰，以減輕美軍在太平洋戰場上的壓力，同時，也趁機瓦解英、法在遠東的殖民體系，以便進而將英、法勢力擠出遠東，並取而代之。

因此，在開羅會議上，羅斯福總統曾敦促英國在戰後將香港歸還中國，使之成為中國控制之下的一個國際自由港，但遭到了邱吉爾的拒絕。

德國投降後，美國與蘇聯在歐洲展開了激烈的爭奪，在這場關係美國切身利益的爭鬥中，美國需要英國的支持。因此，在香港這個問題上，美國支持中國收回香港的立場發生了改變。

戰後為何沒收回香港

美國人知道，如果一再堅持讓英國把香港歸還中國，那麼勢必造成英國人對美國人的反感，在歐洲沒有英國的支持，美國在歐洲的利益就將受到損失，就會將歐洲的利益拱手讓給蘇聯。

所以杜魯門支持英國重返香港。他通知麥克阿瑟：

為了更順利地接受香港地區日本軍人的投降，須將香港從中國戰區的範圍內劃出來。

其實，當時中國國內的許多人都贊成向香港派兵。但蔣介石有自己的打算，他始終寄希望於美國的「公正」。

他曾經對堅持派兵的宋子文說：

子文兄，這樣做不好，因為有美國出面，比我們先起兵要好些。國際上的許多事情，我們都是在依靠美國嘛！

羅斯福不在了，我們也不能連杜魯門的一點面子也不給，就先在香港動起兵來。

再說，英國方面是什麼樣，我們也應該向艾德禮進行外交試探以後才能知道。在這種時候，當然還是不先派兵的好。

然而，蔣介石沒有想到，美國總統杜魯門並不像羅斯福那樣對他極力關照。杜魯門的天平傾向了英國。

蔣介石腰板不硬屈從強權

既然美國不希望中國收回香港，正乞求美國人幫他打內戰的蔣介石只好從命。但在放棄香港之際，蔣介石還想給自己爭點面子。

1944 年 8 月 20 日，他在致杜魯門電報中改變了要求收回香港的初衷，他要求：

在未來的受降儀式上，駐港日軍應向中國方面的軍事代表投降，美國和英國均可派代表參加這一受降儀式。

在受降儀式後，英國人將在中國戰區最高司令的授權下，派遣軍事力量在香港登陸。

令蔣介石意想不到的是，美國人連這一點面子也不給。

杜魯門在給蔣介石的回電中表示，「美國不反對一個英國軍官在香港接受日本人的投降」。

蔣介石看到電文後連罵「娘稀匹」，然而，他不能得罪美國人，只好忍氣吞聲。蔣介石不得不表示「願意授權給個英國軍官，讓他去香港接受日本人的投降，到時派一名中國軍官和一名美國軍官赴港參加受降儀式。」

蔣介石在香港問題上的一再妥協，使得英國人得寸進尺，英國政府認為，作為中國戰區最高司令的蔣介石，無權委派一位英國軍官在香港接受日本人的投降。

英國政府所能做到的，僅僅是歡迎一名中國代表和一名

戰後為何沒收回香港

美國軍官一起出席受降儀。而且只能以「中國戰區最高司令個人代表的身分參加受降，如果有什麼文件需要簽署的話，他們只能作為見證人而簽字，除此之外，別無所為。」

溫馴的羊急了也會咬人。英國人步步緊逼的囂張氣焰，使得蔣介石感到臉上無光。中國不是他一個人的中國，這樣屈辱的事，令他在手下將領們的面前怎麼樣交代？

他憤怒了，他告知杜魯門，不管英國方面接受與否，他都將以中國戰區最高司令的身分，任命夏愨作為他的受降代表，在香港接受日本人的投降。

同時，他的態度也變得強硬起來。他表示，一方面要盡力避免與英國在香港發生衝突；另一方面也打算以武力來抵制英國人在中國戰區之內所採取的行動。

中國方面的態度是英國人所始料不及的，國民黨在靠近香港的寶安地區屯兵兩個軍的現實也使英國人感到不安。

為了能重返香港，他們不得不接受蔣介石的建議，同意夏愨同時代表英國政府和蔣介石在香港接受日本人的投降。

1945 年 8 月 20 日，從菲律賓蘇比克灣開來的英國海軍特遣艦隊大搖大擺地在香港登陸。

9 月 1 日，夏愨以香港英軍司令的身分成立軍政府。

同日，蔣介石派遣的軍事代表團也抵港，與夏愨達成協議：國民政府同意英軍占領香港。

　　1946 年 5 月 1 日，香港淪陷後被日軍囚禁三年八個月的
前港督楊幕琦返港重任總督，恢復了英國對香港的統治。

電子書購買

國家圖書館出版品預行編目資料

二戰背後的陰謀：德蘇條約的幕後故事、珍珠
港事件始末、德軍迷途飛機的命運、希特勒的
未解之謎，12個隱藏在戰爭中的歷史真相 / 劉
幹才，李奎編著 . -- 第一版 . -- 臺北市：崧燁文
化事業有限公司 , 2023.02
面； 公分
POD 版
ISBN 978-626-357-009-2(平裝)
1.CST: 第二次世界大戰 2.CST: 戰史
712.84　　111020545

二戰背後的陰謀：德蘇條約的幕後故事、珍珠港事件始末、德軍迷途飛機的命運、希特勒的未解之謎，12 個隱藏在戰爭中的歷史真相

臉書

編　　著：劉幹才，李奎
發 行 人：黃振庭
出 版 者：崧燁文化事業有限公司
發 行 者：崧燁文化事業有限公司
E - m a i l：sonbookservice@gmail.com
粉 絲 頁：https://www.facebook.com/sonbookss/
網　　址：https://sonbook.net/
地　　址：台北市中正區重慶南路一段六十一號八樓 815 室
Rm. 815, 8F., No.61, Sec. 1, Chongqing S. Rd., Zhongzheng Dist., Taipei City 100,
Taiwan
電　　話：(02) 2370-3310　　傳　　真：(02) 2388-1990
印　　刷：京峯彩色印刷有限公司（京峰數位）
律師顧問：廣華律師事務所 張珮琦律師

─版權聲明─────────────────────────────
定　　價：299 元
發行日期：2023 年 02 月第一版
◎本書以 POD 印製